Vorwort

Adressatengruppe

Der Lehrgang ist zur Orientierung und Einführung in das Berufsfeld Metalltechnik konzipiert.

Arbeitsgebiete

Kenntnisse und Fertigkeiten werden deshalb vermittelt zu:

- Arbeiten planen, durchführen und prüfen
- Technische Zeichnungen erstellen
- Bauelemente mit handgeführten Werkzeugen und durch Bohren herstellen
- Lösbare und unlösbare Verbindungstechniken kennen und anwenden
- Verfahren zu Trennen und Umformen kennen und anwenden
- Massen und Einstellwerte berechnen
- Normen und Richtlinien nachschlagen
- Bankwerkzeuge, Werkstoffe, Halbzeuge kennen und einsetzen
- Maßnahmen zu Gesundheitsschutz, Arbeitssicherheit und Umweltschutz kennen und anwenden

Werkstücke und Baugruppen als Projekte

Durch die Anbindung des Unterrichts an meist selbst verwendbare Projektgegenstände wird eine enge Verbindung von Theorie und Praxis angestrebt. Einige Projekte werden durch themenorientierte Aufgaben erweitert und vertieft. Der zeitliche Umfang, der für ein einzelnes Projekt benötigt wird, erlaubt ein abwechslungsreiches Arbeiten. Die Projekte können auch in den Werkstätten gefertigt werden.

Richtziele und Grundsätze

Allgemein soll der Lehrgang helfen, die für eine erfolgreiche Berufsausbildung und Berufstätigkeit erforderliche Handlungskompetenz deutlich zu machen und in Ansätzen zu verwirklichen.
Dazu gehört auch:

- Lernbereitschaft stützen und fördern
- Sozialkompetenz vermitteln
- Erwartungen zur Fachkompetenz im Beruf realisieren
- Eigene Begabungen und Neigungen erkennen und entfalten
- Verantwortungs- und Pflichtbewusstsein fördern

Der Lehrgang führt ein in unterschiedliche, aber noch einfache Arbeiten. Komplizierte Arbeiten in diesen Bereichen erfordern eine spezielle Berufsausbildung, die auf eine breit angelegte Grundausbildung aufbaut. Der Lehrgang soll helfen, die Berufswahl zu erleichtern.
Die im Lehrgang behandelten Arbeitstechniken beziehen sich auf folgende und weitere verwandte Berufe wie:

- Feinwerkmechaniker/-in (Handwerk)
- Metallbauer/-in (Handwerk)
- Anlagenmechaniker/-in (Handwerk)
- Industriemechaniker/-in (Industrie)
- Zerspanungsmechaniker/-in (Industrie)
- Werkzeugmechaniker/-in (Industrie)
- Konstruktionsmechaniker/-in (Industrie)
- Technischer Zeichner/-in (Hw. und Ind.)
- Mechatroniker/-in (Hw. und Ind.)

Bezüglich Ausbildungsinhalten und Ausbildungsstellen können u.a. Informationen über das Internet und bei beratenden Stellen eingeholt werden.

Einsatz und Aufgaben des Lehrgangs

Der Informationsteil ist bewusst knapp gehalten. Soweit möglich, wird jeweils auf die meist international gültigen Normen verwiesen, die im Tabellenbuch nachgeschlagen werden können.
Technische Zeichnungen können auch ohne Lineal (freihändig) als Skizze ausgeführt werden. Die Überschriften zu den Aufgaben informieren zu der hauptsächlichen Schülertätigkeit. Die Lösungen sind auf den Arbeitsblättern einzutragen. Für Ergänzungen steht auch die Rückseite zur Verfügung.
Die Bearbeitung der Aufgaben kann als Einzel-, Partner- oder Gruppenarbeit erfolgen. Ein Wechsel ist zu empfehlen und ergibt sich aus dem Umfang und dem Schwierigkeitsgrad der Aufgabe. Partner- oder Gruppenunterricht ist im Blick auf die oben formulierten Richtziele und Grundsätze sowie zur Verbesserung der Sprachkompetenz verstärkt anzustreben.

Verlag und Autoren wünschen Ihnen bei der Bearbeitung Er[illegible]

Normschrift nach ISO 3098

- Technische Zeichnungen (Abbildung 1) werden mit senkrechter Normschrift (Abb. 2) ausgeführt.
- Ausgangsmaß für die Ausführung ist die Höhe der Großbuchstaben (Abb. 3).
- Genormte Schrifthöhen sind: 2,5 / 3,5 / 5 / 7 / 10 mm
- Schrifthöhe = 10 · Linienbreite

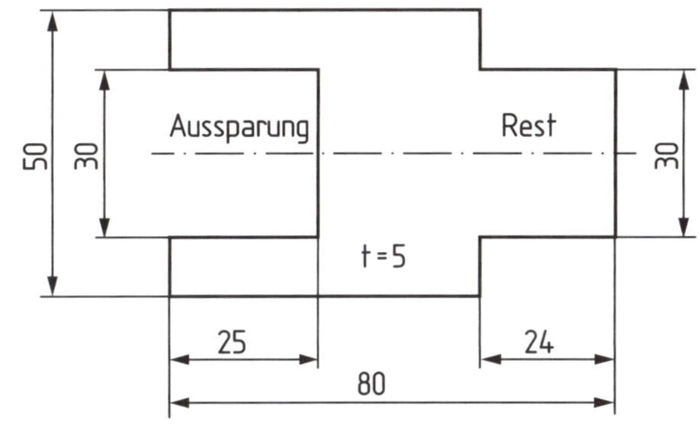

Abb. 1: Führungsplatte

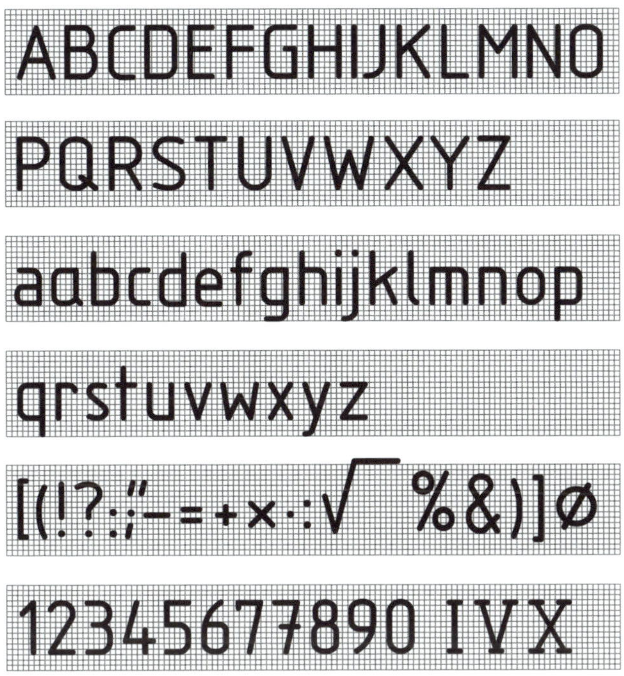

Abb. 2: Schriftform B (senkrecht)

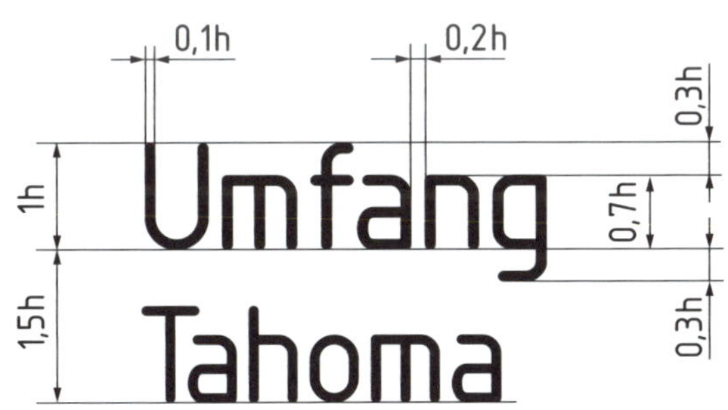

Abb. 3: Normschrift, Maße

Aufgabe 1: Maße für 7 mm Schrifthöhe angeben

- Großbuchstaben: 10/10 · h = 1 · h = ...mm
- Kleinbuchstaben: 7/10 · h = 0,7 · h = ...mm
- Linienbreite: 1/10 · h = 0,1 · h = ...mm
- Wortabstand: 6/10 · h = 0,6 · h = ...mm

Aufgabe 2: Normschrift üben

- Im Rasterfeld: Schrifthöhe: 7 mm
- Im Linienbereich: Schrifthöhe: 5 mm

Aufgabe 1: Normschrift üben

U U UU
J J JJ
P P PP
B B
R R
D D
S S
i i
l l
t t
x x
z z
v v
w w
k k
o o
c c
e e
a a
d d
g g
b b
p p

q q
u u
h h
n n
l l
m m
r r
s s
j j
y y
f f
ß ß
1 1
7 7
4 4
0 0
6 6
9 9
5 5
8 8
3 3
2 2
Ø Ø

Aufgabe 1: Mit Normschrift schreiben

a) Nennen Sie vier Berufe in der Metalltechnik (siehe Vorwort).

....

....

....

....

b) Nennen Sie zwei Berufe, die Sie gerne ausüben möchten.

....

....

c) Geben Sie Arbeitsgebiete des Lehrgangs an, die Ihnen besonders wichtig sind (siehe Vorwort).

....

....

....

Aufgabe 3: Quaderförmigen Körper berechnen

Hinweis: Mit sorgfältiger Normschrift schreiben

<u>Gegeben:</u>
Länge (l) = 60 mm
Breite (b) = 35 mm
Höhe (h) = 12 mm
<u>Gesucht:</u>
Kantenlänge (L),
Oberfläche (A)
<u>Lösung:</u>

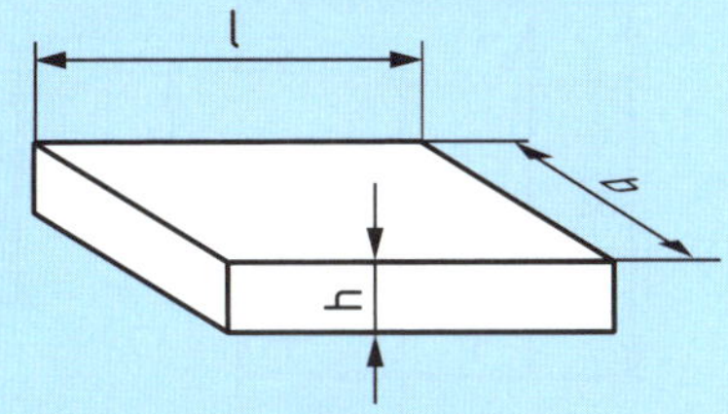

Abb. 1: Quader

Aufgabe 2: Postzettel für Paket ausfüllen

Herr Paul Verkas möchte an Herrn Kevin Maier ein Postpaket schicken.
Den Postzettel sorgfältig mit 5 mm hoher Normschrift ausfüllen.

Anschriften:

Kevin Maier
89420 Ulm
Hofweg 51

Paul Verkas
87134 Geislingen
Bergstraße 8

Absender

....

....

....
(Postleitzahl) (Ort)

Für kurze Mitteilungen an den Empfänger

Bitte Doppel der Aufschrift in die Sendung legen!

Bitte frei lassen zum Aufkleben des Paketnummernzettels

Vermerke über besondere Versendungsformen und Vorausverfügungen

....

....

....
(Straße und Hausnummer, „Paketausgabe“ oder „Postlagernd“)

....
Postleitzahl bitte besonders groß und auffällig angeben!

....
(Bestimmungsort)

KU 7.84 – 8 7 6 5 4 3 2 1 911 001 000-4
A 6, Kl. 17 g PostO Anl. 2

Führungsplatte **Normschrift: Übungen**	Datum	Klasse	Name	**4**

Papierformate nach ISO 5457

- Die Form und Größe der Papierblätter ist international genormt.
- Alle Formate haben eine rechteckige Form.
- Das Ausgangsformat A0 hat die Fläche von 1 m^2.
- Die kleineren Formate entstehen durch Halbieren des vorhergehenden Formats.
- Bei allen Formaten ist das Verhältnis von Höhe zu Breite gleich groß (1,41 : 1). Alle Formate sind somit ähnlich dimensioniert.

Aufgabe 1: Größe der Formate ermitteln

Dieses Blatt hat das Format A4.

- Messen Sie Höhe und Breite.
- Tragen Sie Maße in Abb. 1 bei Format A4 ein.
- Ergänzen Sie Maße für die anderen Formate.

Aufgabe 2: Flächen berechnen

a) Wie groß in m^2 ist die Fläche A des Formats A4?

b) Wie viele Blätter *n* mit Format A4 ergibt ein Blatt mit Format A0?

Lösung:

Aufgabe 3: Auswirkungen und Vorteile dieser Normung nennen

a) Auf welche Dinge hat diese Normung Auswirkungen?

....

....

....

b) Welche Vorteile sind damit verbunden?

....

....

Aufgabe 4: Blattformate vergleichen

Anzahl beziehungsweise Format ergänzen

1 Blatt Format A0 ergibt ..... Blätter Format A2

1 Blatt Format A4 ergibt ..... Blätter Format A6

1 Blatt Format A0 ergibt 32 Blätter Format .....

1 Blatt Format A2 ergibt ..... Blätter Format .....

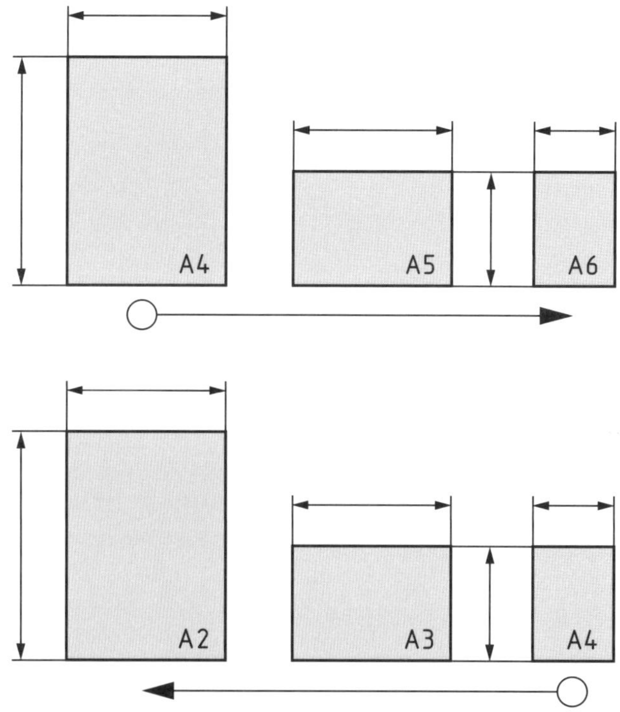

Abb. 1: Papierformate

Aufgabe 5: Postversand planen

Bei der Deutschen Post darf ein Standardbrief beim geringsten Porto nur 20 Gramm (g) wiegen. Das am meisten verwendete Papier hat eine Masse (Gewicht) von 80 Gramm bei einer Fläche von 1 m^2 (Format A0). Das Gewicht des Kuverts ist mit einem Blatt Format A4 zu vergleichen.

a) Welche Masse hat 1 Blatt Format A4?

b) Wie viele Blätter mit Format A4 können beim Standardbrief verschickt werden?

Lösung:

Antwortsatz: ....

....

....

Führungsplatte **Papierformate, Berechnungen**	Datum	Klasse	Name	5

Zeichengeräte

Das Erstellen technischer Zeichnungen erfordert eine Grundausstattung an Zeichengeräten. Dazu sind erforderlich:

- Lineal: Kunststoff, 300 mm lang
- Geometriedreiecke: 45° × 45°, 30° × 60°
- Lochschablone für Kreise
- Druckstifte
- Ersatzminen für Druckstifte
- Radiergummi
- Buntstifte: 6 Stück, radierbar
- Bleistiftspitzer

Linien technischer Zeichnungen (ISO 128)

- Bei technischen Zeichnungen werden verschiedene Linienarten verwendet.
- Bei der Linienbreite werden breite, schmale (halb so breite) Linien unterschieden.
- Beim Blattformat A4 und bei Ausführung mit Druckbleistiften ist für breite Linien die Linienbreite 0,7 mm zu empfehlen.
- Verwendung der Linienarten (Abb. 1):
  a) Breite Volllinien für sichtbare Kanten und Umrisse
  b) Schmale Volllinien für Maßlinien, Maßhilfslinien und Hinweislinien
  c) Strich-Punktlinien für Mittel- und Symmetrielinien

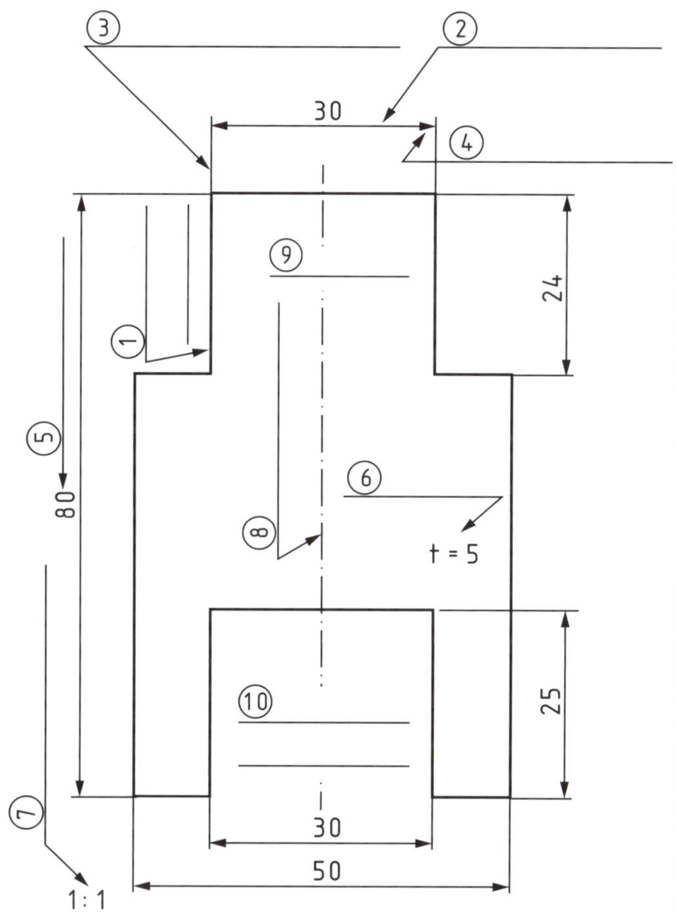

Abb. 1: Führungsplatte

Aufgabe 1: Linienelemente bestimmen

Die Längen der Linienelemente sind auf die Linienbreite (d) bezogen. Für d = 0,7 mm ist:

- Strich bei Strich-Punktlinie = 24 · d = ...
- Abstand Strich zu Punkt = 3 · d = ...
- Punkt = 0,5 · d = ...
- Maßpfeil = 5 · d = ...
  Schenkelwinkel = 15°

Aufgabe 2: In Abb. 1 Bezeichnungen bei den Hinweislinien eintragen

1. Kante, Umriss	2. Maßlinie
3. Maßhilfslinie	4. Maßpfeil
5. Maßzahl	6. Dicke
7. Maßstab	8. Mittellinie
9. Rest	10. Aussparung

Aufgabe 3: Zeichnung Abb. 2 ergänzen

Darstellung:

- Umriss mit 0,7 (0,5) mm Linienbreite nachziehen
- Mittellinie eintragen

Maßeintragung

Maßstab 1 : 1

Werkstückdicke t = 4 mm

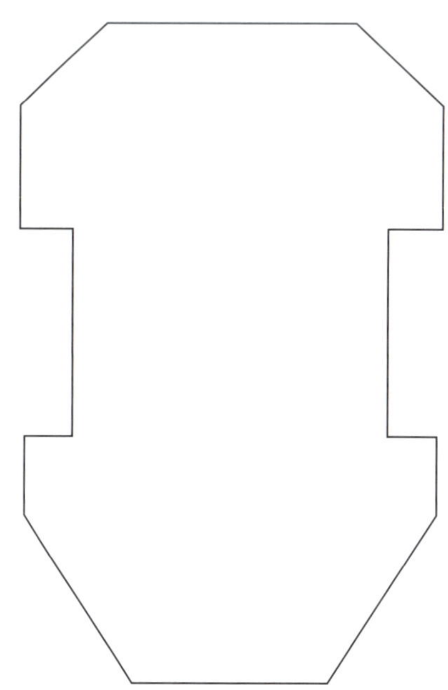

Abb. 2: Grundplatte

Bankwerkzeuge

In Ihrer Werkbank haben Sie handgeführte Werkzeuge, Geräte zum Messen und Prüfen sowie die üblichen Hilfsmittel.

Aufgabe 1: Werkzeuge auflisten

Liste der Werkzeuge zum Messen, Prüfen und Anreißen

a) Messen und Prüfen von Längen:

....

....

b) Messen und Prüfen von Winkeln:

....

....

c) Feste Lehren zum Prüfen:

....

d) Anreißen:

....

Aufgabe 2: Vorgehen beim Anreißen und Körnen sowie die Hilfsmittel ergänzen

Zur Herstellung der Führungsplatte (Abb. 1) wird zunächst ihre Form von der Zeichnung auf das Halbzeug (= Zuschnitt) übertragen. Dies geschieht durch Anreißen (Abb. 2).

a) Von der gesägten Stirnfläche ausgehend (Abstand etwa 1 mm) ist die erste Stirnfläche rechtwinklig zu den schmalen Seitenflächen anzureißen.

Hilfsmittel: ....

b) Zweite Stirnfläche im Abstand von 80 mm anreißen.

Hilfsmittel: ....

c) Bei den Aussparungen entsprechend vorgehen. Abstand (10 mm) zu den schmalen Seitenflächen anreißen.
Hinweis: Die Genauigkeit des Lineals liegt bei 1 mm. Die verlangte Genauigkeit wird durch Feilen erreicht.

d) Bohrungsmitten anreißen und körnen.

Hilfsmittel: ....

Arbeitssicherheit

Die Arbeitsregeln und Sicherheitsmaßnahmen werden durch die Lehrkraft bekanntgegeben und sind zu beachten.
Vorsicht beim Umgang mit der Reißnadel!

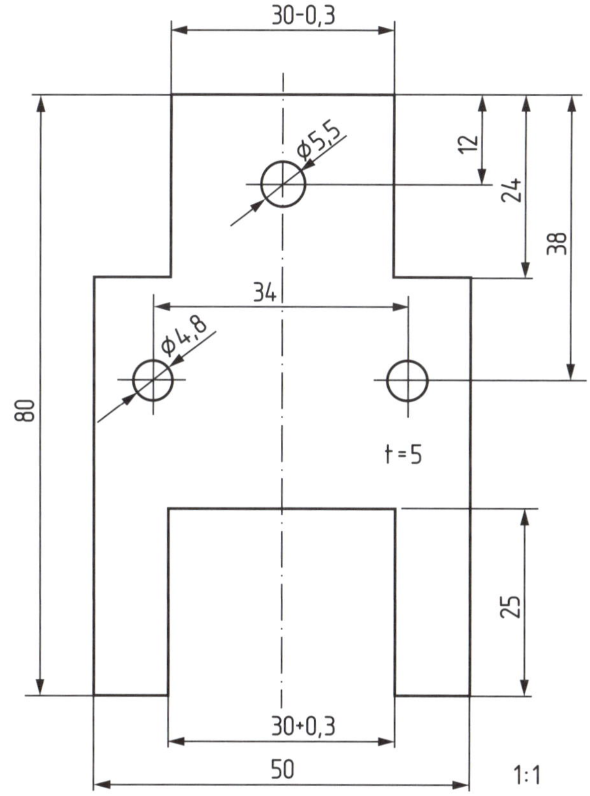

Abb. 1: Führungsplatte

Angaben zum Werkstück Führungsplatte

<u>Werkstoff</u>: Baustahl

<u>Halbzeug</u>: Blankgewalztes Flachmaterial: Fl 50 × 5 × 82

<u>Oberflächenbeschaffenheit</u>:

- Gefeilte Flächen: Riefen noch sichtbar, nicht mehr spürbar (schlichten)
- Blankgewalzte Flächen bleiben im Anlieferungszustand.

<u>Zulässige Maßabweichungen (= Toleranzen)</u>

Nennmaß bis 25 mm: Toleranz +/– 0,3 mm
26 bis 100 mm: Toleranz +/– 0,5 mm

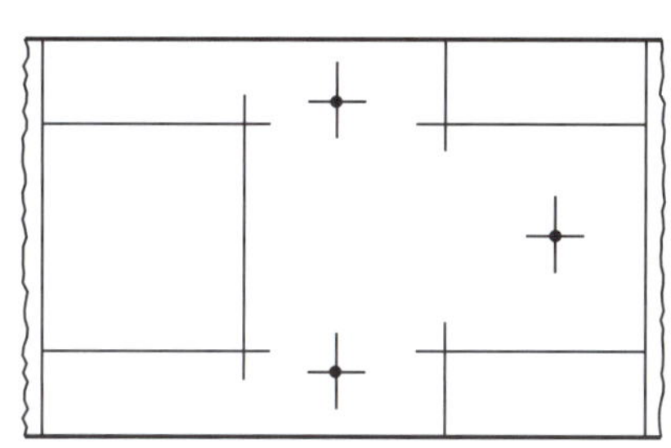

Abb. 2: Anriss der Führungsplatte

Aufgabe 3: Führungsplatte körnen

Beachten Sie:

- Körnen verhindert, dass der Bohrer verläuft.
- Körner schräg ansetzen und dann aufrichten, damit das Ankörnen genauer wird.

Führungsplatte
Bankwerkzeuge: Messen, Anreißen

Datum	Klasse	Name
....	....	....

Aufgabe 1: Benennung der Teile des Messschiebers in Abb. 1 eintragen

1. Fester Messschenkel
2. Beweglicher Messschenkel
3. Schiene mit Strichskala
4. Nonius
5. Schieber
6. Feststellschraube
7. Prüfstück mit Innenform
8. Prüfstück mit Außenform

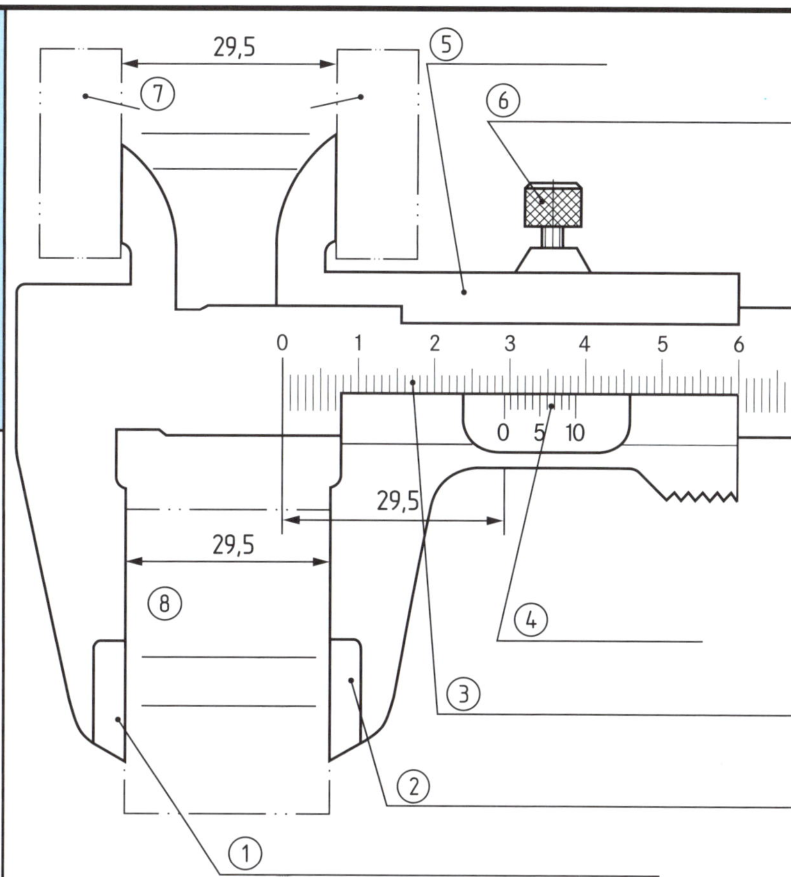

Abb. 1: Messschieber

Messen mit dem Nonius (Abb. 2)

1. Ausgangsstellung (= Nullstellung)
- Messschenkel geschlossen
- Nullstrich von Schienen- und Noniusskala bilden eine Linie.

2. Messstellung
- Messschenkel liegen bei Prüfstück an.
- Schieber mit Nonius ist um die Länge des Prüfstücks verschoben.

3. Ablesen der ganzen Millimeter
- Die Zahlen auf der Schiene sind Zentimeterangaben.
- Bei Abb. 2 ist die Einstellung im Maßstab 5:1 vergrößert.
- Der Nullstrich des Nonius zeigt auf der Skala der Schiene an, dass das Prüfstück etwas mehr als 29 mm misst.

4. Genauere Messung mit Nonius
- Die Skala des Nonius hat 10 Teilungen bei einer Länge von 9 mm.
  Eine Teilung = 9 mm / 10 = 0,9 mm
- In Abb. 2 liegen die Skalenlinien von Nonius und Schiene beim 5. Teilstrich in einer Linie. Damit ist der Wert Z bestimmbar. Z zeigt, um wie viel das Prüfstück größer ist als 29 mm.
- Es gilt: $A = B + Z \rightarrow Z = A - B$
  $Z = 5 \cdot 1\text{ mm} - 5 \cdot 0{,}9\text{ mm}$
  $Z = 5\text{ mm} - 4{,}5\text{ mm} = 0{,}5\text{ mm}$

  Gesamtmaß: 29 mm + 0,5 mm = 29,5 mm

Merke:
- Der Nullstrich des Nonius zeigt die ganzen Millimeter an.
- Der Noniusstrich, der sich mit einem Schienenstrich deckt (fluchtet), gibt die Zehntelmillimeter an.

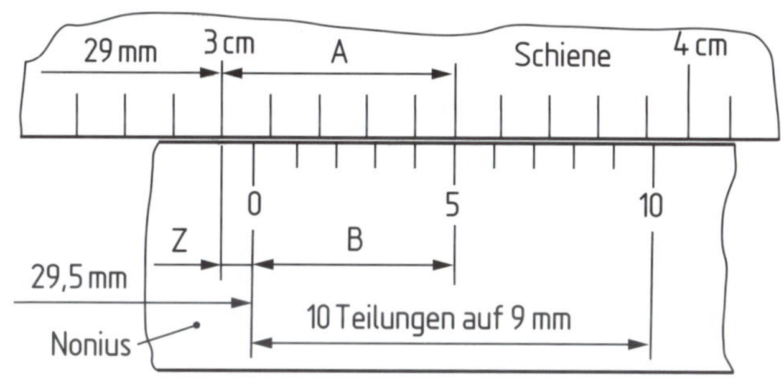

Abb. 2: Ablesen mit Nonius

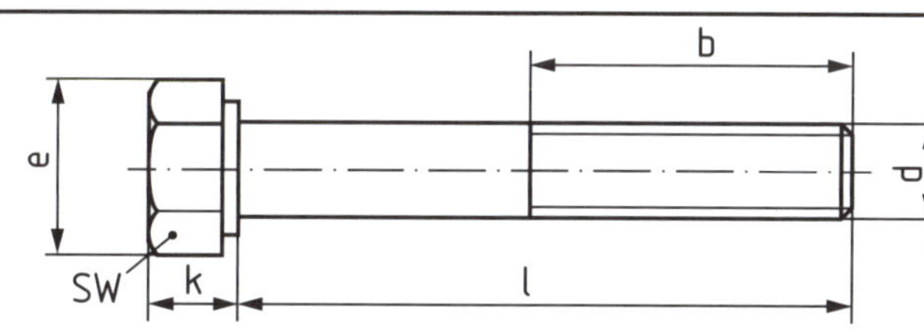

Abb. 3: Sechskantschraube

Aufgabe 2: Teile sowie die Prüfstücke in Abb. 1 und Abb. 2 farbig anlegen

Aufgabe 3: Maße zu Abb. 3 und Abb. 4 ermitteln, in Tabelle eintragen und mit Normen vergleichen

Sechskantschraube ISO 4014 – M8 × 60					
	Gemessen	ISO		Gemessen	ISO
d			k		
b			SW		
l			e		

Scheibe ISO 7090 – 10		
	Gemessen	ISO
d_1		
d_2		

Tab. 1: Messübung

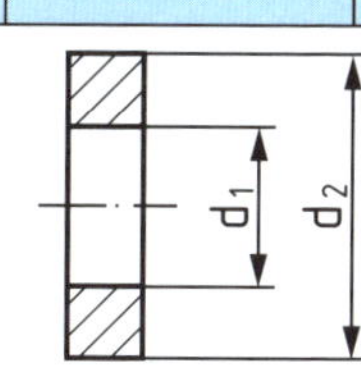

Abb. 4: Scheibe

Die Führungsplatte ist mit handgeführten Werkzeugen herzustellen. Dazu sind die erforderlichen Werkzeuge zu bestimmen und das Vorgehen zu planen.

Aufgabe 1: Spanende Fertigungsverfahren zur Herstellung der Führungsplatte angeben

- .... • ....
- .... • ....

Aufgabe 2: Bankwerkzeuge auflisten

a) Feilen:

- .... • ....
- .... • ....
- .... • ....

b) Sägen:

- .... • ....

c) Meißeln:

- .... • ....

Aufgabe 3: Fertigungsplanung und Hilfsmittel ergänzen

1. Erste Stirnseite eben und winkelig zu den Seitenflächen feilen
   Hilfsmittel: ....
   ....
2. Zweite Stirnseite auf Länge 80 mm, eben und winkelig zu den Seitenflächen feilen
   Weitere Hilfsmittel: ....
3. Beidseitig Aussparungen an Ecken einsägen, Flächen maßhaltig, eben und winkelig zu den Seitenflächen feilen
   Weitere Hilfsmittel: ....
   ....
4. Bohrungsdurchmesser in Abb. 3 eintragen, Verbindungssteg bohren und mittige Aussparung beidseitig einsägen
   Weitere Hilfsmittel: ....
5. Stege zwischen Bohrungen trennen, Aussparung maßhaltig, eben und winkelig feilen
   Weitere Hilfsmittel: ....

Hinweis: Informationen zur Arbeitssicherheit erfolgen durch die Lehrkraft.
Bart beim Meißel rechtzeitig abschleifen!
Nicht mit defektem Feilengriff arbeiten!

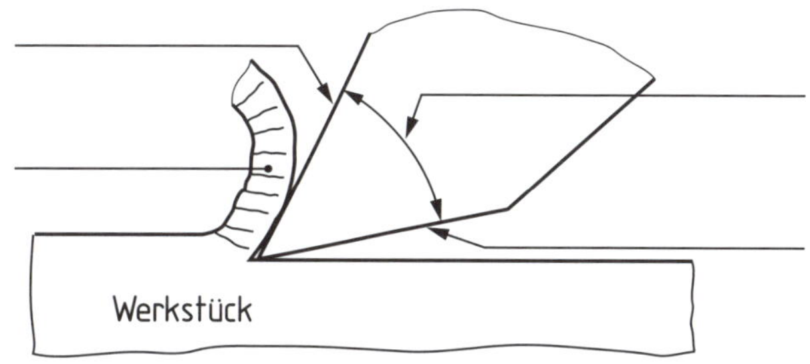

Abb. 1: Flächen und Winkel am Keil

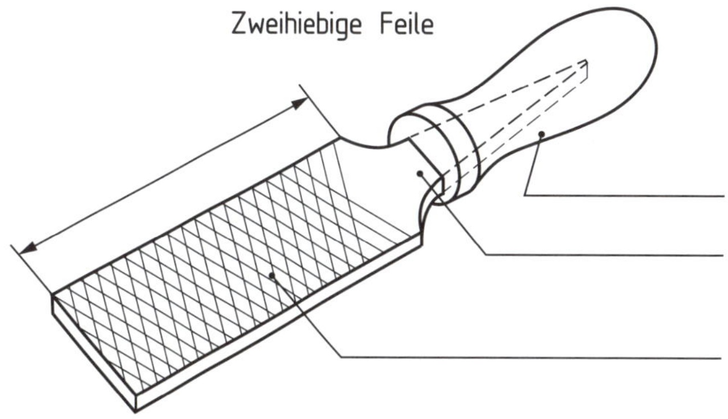

Abb. 2: Teile der Feile

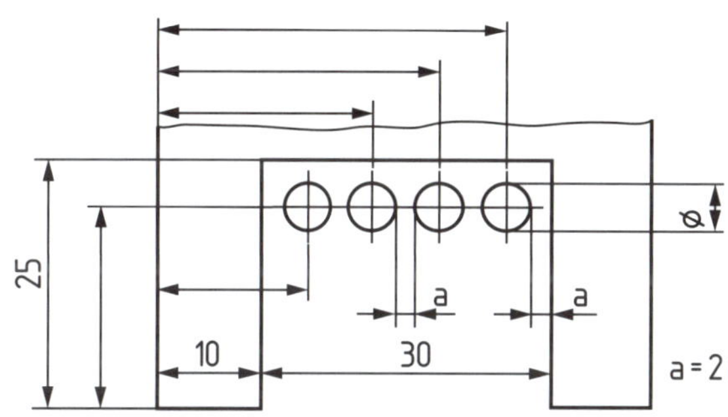

Abb. 3: Bohrbild

Aufgabe 4: Benennungen und Abstände in Abb. 1–3 eintragen

Abb. 1: Span, Span-, Freifläche, Keilwinkel
Abb. 2: Feilenblatt, Feilenlänge, Heft, Angel
Abb. 3: Abstände

Aufgabe 5: Für Formelemente die geeignete Feile zuordnen (Abb. 4)

a	▭	Flachfeile
b	□	Vierkantfeile
c	◠	Halbrundfeile
d	○	Rundfeile
e	△	Dreikantfeile

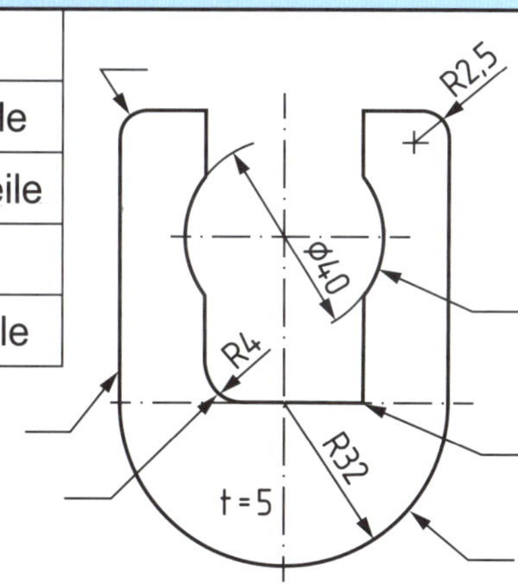

Abb. 4: Feilarbeit

Aufgabe 6: Führungsplatte herstellen

Qualitätskontrolle
Bei der Führungsplatte sind die Breite für den Rest (R) und die Aussparung (A) auf Maßhaltigkeit zu prüfen. Bei den von Ihnen gefertigten Teilen müsste beim Fügen von Rest und Aussparung jeweils ein Spiel von bis zu 0,6 mm vorhanden sein.

Aufgabe 1: Qualitätskontrolle durchführen

- Werkstücke mit .... nummerieren
- Gruppen mit je 3 Schülern bilden
- Tragen Sie in Tab. 1 ein:
  Ihre Schlagzahlnummer: ....
  Prüfgruppennummer: ....
  Prüfnummer für Auswertung: ....
- Prüfmittel zur Kontrolle des Spiels holen
  Prüfmittel? ....
- Auswertungstabelle erstellen (Tab. 2)
  Verfahren Sie entsprechend der Prüfgruppe 1 für die Schüler Nr. 1 bis 3.
  Beispiel: R1/A2 bedeutet:
  Rest Nr. 1 und Aussparung Nr. 2
- Die Teile sind miteinander zu fügen und das Spiel ist zu kontrollieren.
  Kreuzen Sie jeweils die zutreffende Beurteilung an.
  In Ordnung (i.O.) bedeutet:
  – Rest (R) und Aussparung (A) sind fügbar
  – und das Spiel ist ....
  Außerhalb Toleranz (AT) bedeutet:
  – R und A sind ....
  – oder das Spiel ....
- Auswertung besprechen und beurteilen, Ergebnisse in Tabelle 2 eintragen

Fall 1: Alle 6 Prüfungen ergeben i.O.
Eintrag für die Teile 1…3: ....

Fall 2: R1/A2 lassen sich nicht fügen: AT
R1/A3 fügbar: i.O.
A2/R3 lassen sich nicht fügen: AT
Vermutung: R1 ....
A2 ....
....
Das Nachmessen bestätigt die Vermutung.
Eintrag bei Teil 2: ....

Fall 3: R1/A2 sind fügbar; aber Spiel zu groß
R1/A3 sind fügbar, aber Spiel zu groß
A2/R3 sind fügbar, Spiel i.O.

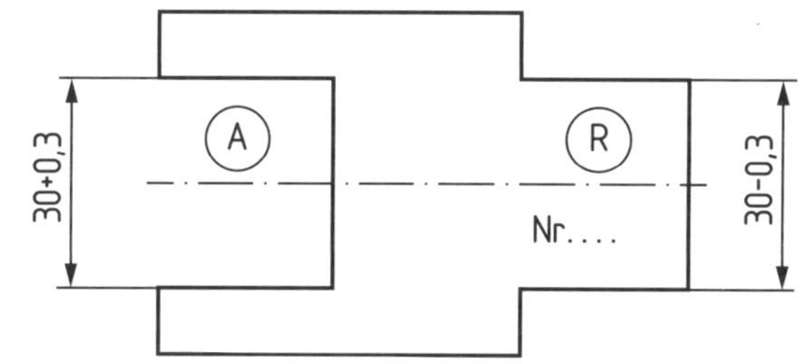

Abb. 1: Prüfmaße

Vermutung: A2 ....
R1 ....
....
Zur Kontrolle nachmessen

Hinweis: Zur einfachen und eindeutigen Prüfung „Gut und Ausschuss" gibt es für genormte Toleranzen käufliche Lehren.
Grenzlehrdorne für: ....
Grenzrachenlehren für: ....

Prüfgruppe Nummer	Schlagzahlen Nummer		
1	1	2	3
2	4	5	6
3	7	8	9
4	10	11	12
5	13	14	15
Prüfnummer	**1**	**2**	**3**

Tab. 1: Ermittlung der Prüfnummer

Paarung **R**est **A**ussparung	Fügen		Spiel < 0,6	
	ja i.O.	nein AT	ja i.O.	nein AT
R1 / A2				
A1 / R2				
R1 / A2				
A1 / R2				
R1 / A2				
A1 / R2				
Teil 1				
Teil 2				
Teil 3				

Tab. 2: Auswertungstabelle

Allgemeintoleranzen für Längen (ISO 2768)
Bei der Teilefertigung ist keine Abmessung ganz genau herstellbar. Die zulässigen Abmaße (Grenzabmaße) werden als Toleranzen bezeichnet.
Maße, die nur mit werkstattüblicher Genauigkeit einzuhalten sind, erhalten keine Eintragung bei der Maßzahl. Nach ISO 2768 sind Toleranzklassen festgelegt. Tab. 1 zeigt eine Auswahl.
Im allgemeinen Maschinenbau ist die Toleranzklasse mittel (m) üblich.
Bei der Zeichnung ist dann in der Nähe des Schriftfeldes einzutragen (Abb. 3):
„Allgemeintoleranzen ISO 2768 – m“

Toleranzangabe mit Abmaßen (ISO 2768)
Nicht alle Abmessungen können mit Allgemeintoleranzen angegeben werden. Deshalb sind spezielle Angaben „Abmaße“ notwendig.

- Abmaße (Abb. 2) werden hinter der Maßzahl eingetragen.
- Abmaße haben die gleiche Schrifthöhe wie das Nennmaß.
- Das obere Abmaß steht über dem unteren.
- Beide Abmaße können auf gleicher Höhe mit dem Schrägstrich eingetragen werden.
- Gleich große Abmaße erhalten ein +/–.

Aufgabe 1: Grenzabmaße aus dem Tabellenbuch in Tab. 1 eintragen

Aufgabe 2: Toleranzfelder aufzeichnen
In Abb. 1 die Grenzabmaße zu Maß 25 für die Toleranzklassen f und c entsprechend m aufzeichnen

Aufgabe 3: Toleranzangaben vergleichen
Abb. 3 zeigt eine geschlossene Maßkette. Die Werkstückbreite hat das Gesamtmaß (50) und drei Teilmaße (10, 30, 10).

a) In Tab. 2 jeweils das Höchst- und Mindestmaß entsprechend den Allgemeintoleranzen ISO 2768 – m eintragen
b) Maßtoleranz
- nach der Summe der Teilmaße: ....
- nach dem Gesamtmaß: ....

c) Die Maßeintragung beurteilen:
- ....

d) Korrektur vorschlagen:
- ....
- ....

Toleranzklasse	Grenzabmaße/Nennmaßbereich		
	> 3…6		
fein (f)			
mittel (m)			
grob (c)			

Tab. 1: Grenzabmaße

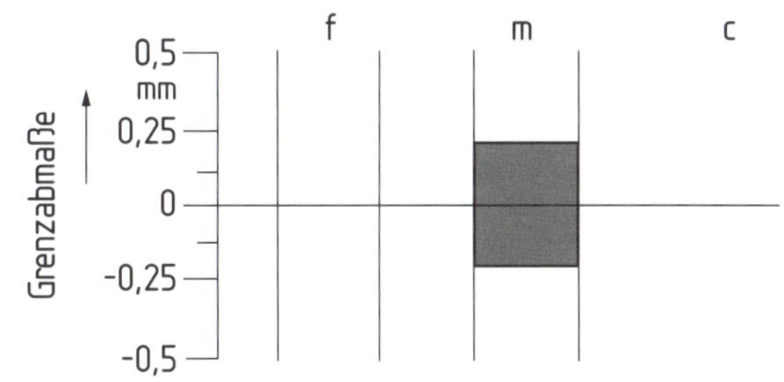

Abb. 1: Toleranzfelder für Maß 25

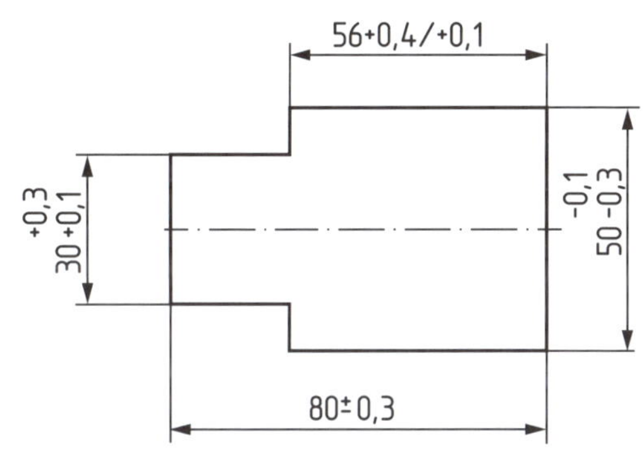

Abb. 2: Toleranzangaben

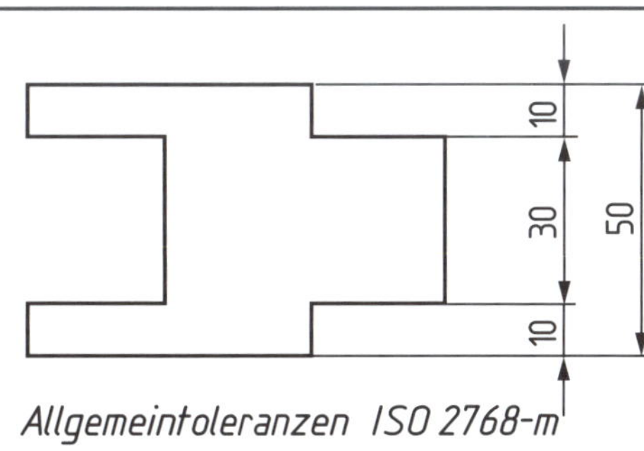

Abb. 3: Geschlossene Maßkette

	Maße	Höchstmaße	Mindestmaße
Teilmaße			
Summe Teilmaße			
Gesamtmaß 50			

Tab. 2: Auswertung Maßkette

Spiel und Übermaß

Abb. 1 zeigt Teile einer Spannvorrichtung. Die Führungsplatte (2) ist verschraubt und verstiftet. Der Schieber (1) soll in der Führungsplatte beweglich sein. Es soll also stets Spiel vorhanden sein.

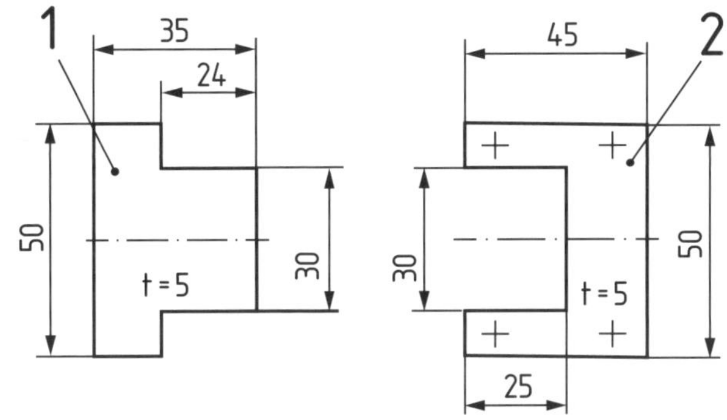

Allgemeintoleranzen ISO 2768 – m

Abb. 1: Funktion Fügen

Aufgabe 1: Funktion untersuchen

a) Die Tab 1 für das Maß 30 ergänzen

Pos.	Maß mit Abmaß	Höchst-maß HM	Mindest-maß MM	Maß-toleranz T=HM–MM
1	30			
2	30			
Höchstspiel = HM Pos.2 – MM Pos.1 = ...				
Mindestspiel = MM Pos.2 – HM Pos.1 = ...				

Tab. 1: Auswertung Allgemeintoleranzen

b) Die Funktion beurteilen:

....

....

....

....

....

....

Aufgabe 2: Maßtoleranzen festlegen

a) Bei Abb. 1 solche Toleranzen eintragen, dass stets Spiel vorhanden ist

b) Dies durch den Eintrag in Tab. 2 kontrollieren

Pos.	Maß mit Abmaß	Höchst-maß HM	Mindest-maß MM	Maß-toleranz T=HM–MM
1	30			
2	30			
Höchstspiel = HM Pos.2 – MM Pos.1 = ...				
Mindestspiel = MM Pos.2 – HM Pos.1 = ...				

Beurteilung: ....

....

Tab. 2: Maßtoleranzen für Spiel

Aufgabe 3: Formplatte herstellen und Fertigteil auf Maßhaltigkeit prüfen

- Höchst- und Mindestmaß in Tab. 3 eintragen
- Formplatte mit anderem Schüler tauschen und Istmaße seiner Platte bestimmen
- Bewertung: i.O. (in Ordnung) AT (außerhalb der Toleranz)

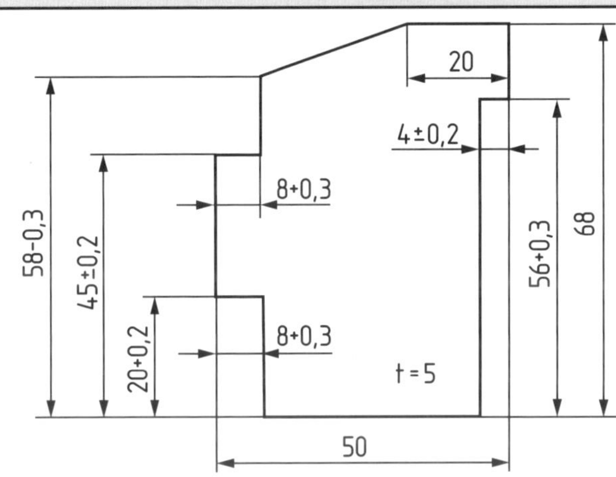

Allgemeintoleranzen ISO 2768 – m

Abb. 2: Formplatte

Maß	Höchst-maß mm	Mindest-maß mm	Ist-maß mm	i.O.	AT
50					
68					
20					
8 + 0,3					
20 + 0,2					
45 ± 0,2					
58 – 0,3					
4 ± 0,2					
56 + 0,3					

Tab. 3: Auswertung Formplatte

Bohrmaschine

Bei den nächsten Arbeiten sind auch Löcher zu bohren. In der Werkstatt steht dazu eine Säulenbohrmaschine zur Verfügung.

Aufgabe 1: Baugruppen der Säulenbohrmaschine (Abb. 1) benennen

- Grundplatte (mit Wanne)
- Werkzeugträger
- Maschinentisch
- Säule
- Antrieb = Elektromotor + Getriebe

Spiralbohrer nach DIN 6581 und DIN 1414

Zur Herstellung der Bohrungen für die Flaschenöffner werden Spiralbohrer Typ N verwendet. Der Typ N ist für Stahlbearbeitung und hat einen Spitzenwinkel von 118°. Er kann auch für Aluminium verwendet werden.
Die Größe des Spitzenwinkels ist einfach und rasch mit Lehren (Schleiflehren) zu ermitteln.
Viele verwendete Spiralbohrer bestehen aus legiertem Werkzeugstahl. Er wird auch als Schnellarbeitsstahl (HS) bezeichnet.

Aufgabe 2: Bei Spiralbohrer (Abb. 2) folgende Angaben eintragen:

- Spitzenwinkel
- 118°
- Spannut
- Führungsfase

Schnittdarstellung nach ISO 128

Innenformen, wie zum Beispiel Bohrungen, werden durch Schnitte sichtbar gemacht. Der vor der Innenform liegende Teil wird dabei in Gedanken aufgeschnitten (Abb. 3).
Die Schnittfläche wird mit schmalen Volllinien unter 45° schraffiert. Geht der Schnitt über die ganze (volle) Breite des Teils, so wird dies als Vollschnitt bezeichnet.

Bemaßung von Bohrungen nach DIN 406

- Der Maßzahl wird das Durchmesserzeichen vorangestellt.
- Bei Grund- und Aufbohrungen wird die nutzbare, zylindrische Tiefe bemaßt. Die kegelige Spitze ergibt sich durch den Bohrer.
- Kleine Durchmesser werden mit einer Hinweislinie angegeben (Abb. 3).

Aufgabe 3: Abb. 3 ergänzen

- Bezeichnung der Bohrungen eintragen: Durchgangs-, Auf-, Grundbohrung
- Bohrungen bemaßen
  Hinweis: Bohrungsabstände auf die mittlere Bohrung beziehen

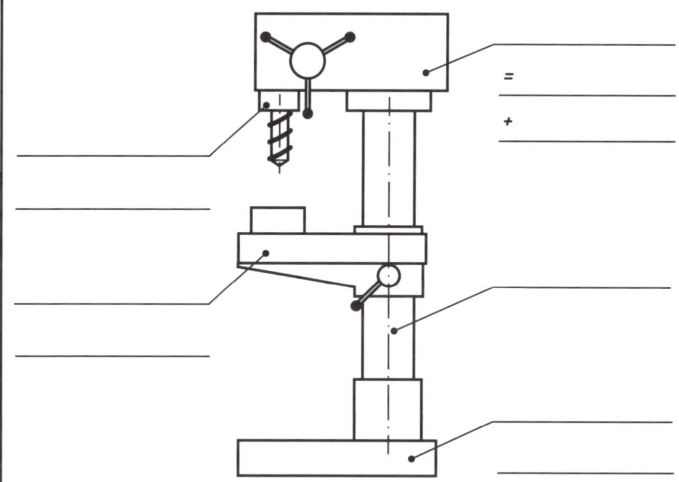

Abb. 1: Säulenbohrmaschine

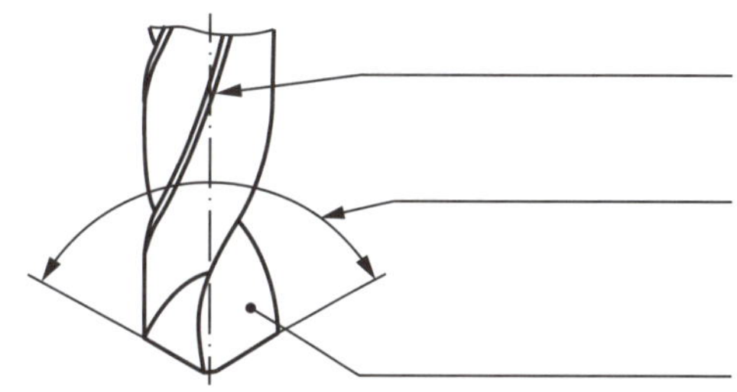

Abb. 2: Spiralbohrer

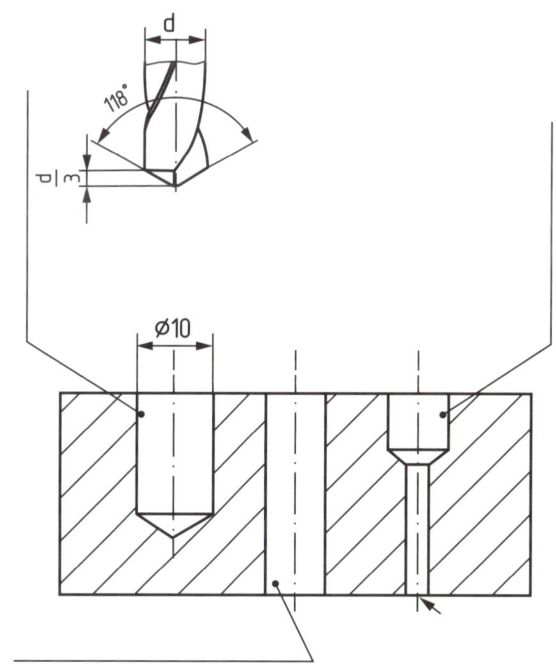

Abb. 3: Bohrungsmitte

Gesundheits-, Umweltschutz

Bohremulsionen können bei Menschen die Haut entfetten und die Schleimhäute in Mund und Nase schädigen.
Deshalb ist u. a. zu beachten: Bohremulsion nicht abblasen, Putzlappen rasch entsorgen (Sondermüll).

Datum	Klasse	Name
....	....	....

Flaschenöffner

Der in Abb. 1 dargestellte Flaschenöffner soll aus Aluminium hergestellt werden. Aluminium ist relativ teuer. Es kommt nicht in Reinform vor. Diese wird erst mit einem hohen Aufwand an elektrischer Energie erreicht. Das Recyceln (Wiederverwerten durch Einschmelzen) von Aluminiumschrott erfordert nur etwa 5% dieser Energie. Deshalb ist zu beachten:
Abfall sortenrein sammeln.

Aufgabe 1: Halbzeug- und Werkstoffangaben erläutern

a) Halbzeug: Fl EN 755 – 30 × 5 × 112

....

....

....

b) Werkstoff: AlMg2Mn0,3

....

....

c) Im Tabellenbuch nachschlagen, wozu dieser Werkstoff verwendet wird:

....

....

d) Warum eignet sich der Werkstoff zur Herstellung des Flaschenöffners?

....

....

e) Vier weitere Beispiele für die Verwendung von Aluminium angeben:

....

....

Aufgabe 2: Drehzahl und Vorschub bestimmen

Die Bohrungen sind mit einem HS-Bohrer zu fertigen. Richtwert:
Schnittgeschwindigkeit v_c = 40 m/min.
Die Drehzahl (n) für die Bohrung d = 12 mm ist zu berechnen.
Lösung:

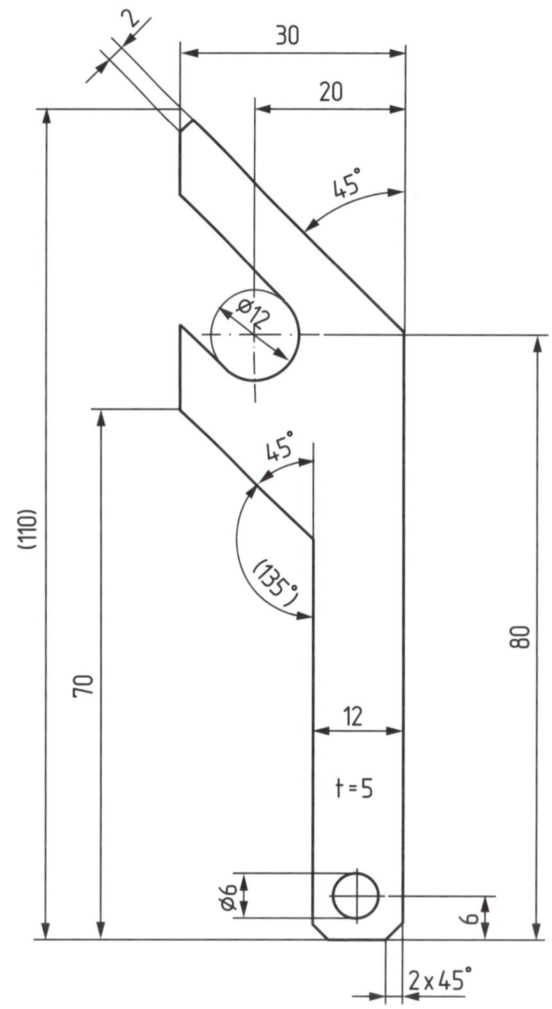

1:1

Allgemeintoleranzen ISO 2768 – m
Kanten gebrochen
Oberflächenbeschaffenheit: Schlichten
(Riefen sichtbar, aber nicht spürbar)

Abb.1: Flaschenöffner Größe H

Aufgabe 3: Fertigungsplanung ergänzen

Halbzeug: Fl EN 755 – 30 × 5 × 112
Werkstoff: AlMg2Mn0,3
Maschine: ....
Werkzeuge: ....
....
....
Prüfmittel: ....
....
....
....
Einstellwerte Bohren: n = ...

Aufgabe 4: Flaschenöffner herstellen

Alternative Fertigung: Größe S (Blatt 15)

Flaschenöffner **Teilzeichnung (Größe H); Fertigungsplanung**	Datum	Klasse	Name	**14**

Radien (Abb. 1)

- Vor der Maßzahl ist stets der Buchstabe R einzutragen.
- Die Maßlinie geht vom Mittelpunkt aus.
- Bei kleineren Radien gehen die Maßlinien in die Richtung des Mittelpunktes (siehe Bsp. R1,6 und R6).
- Zum Prüfen von Außen- und Innenradien werden Radienlehren verwendet.
- Um die Zahl der Lehren zu begrenzen, sind die Radien nach DIN 250 genormt. Bevorzugte Größen sind (in mm): 1 / 1,6 / 2,5 / 4 / 6 / 10 / 16 / 20

Aufgabe 1: Werkstoffbedarf für Größe H und Größe S vergleichen

Bei der Größe H sind die Länge und Breite doppelt so groß wie bei der Größe S.
Die Dicke ist gleich.
Die Rohlinge werden jeweils von einer 3 m langen Stange aus Aluminium abgesägt.

a) Wie viele Teile gibt es von einer Stange für die Größe S, wenn für den Sägeschnitt (*s*) 3 mm erforderlich sind?
b) Welche Masse hat die Stange für die Größe S?
c) Welche Masse hat eine solche Stange, wenn sie aus Baustahl besteht?
d) Wie viel mal schwerer wären Flaschenöffner aus Baustahl?
e) 1 kg der Aluminiumlegierung kostet etwa das Dreifache wie 1 kg Baustahl. Wie ist die Werkstoffauswahl aus Kostengründen zu beurteilen?

<u>Lösung:</u>

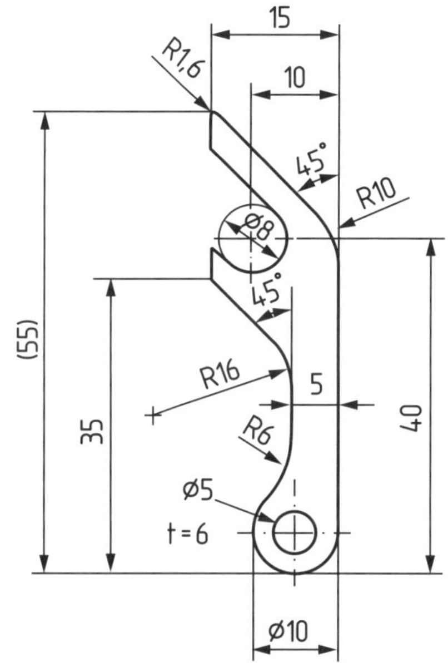

1:1

Allgemeintoleranzen ISO 2768 – m
Kanten gebrochen
Oberflächenbeschaffenheit: Schlichten
(Riefen sichtbar, aber nicht spürbar)
Halbzeug: Fl EN 755 – 15 × 6 × 57
Werkstoff: AlMg2Mn0,3

Abb. 1: Flaschenöffner Größe S

Aufgabe 2: Umformbarkeit von Aluminium ermitteln

Dünn ausgewalzte Aluminiumfolien werden zum Frischhalten von Nahrungsmitteln verwendet. Dies zeigt, dass Aluminium gut umformbar ist. Berechnen Sie die Foliendicke.

<u>Gegeben</u>: Länge (*L*) einer Folie = 30 m, mittlerer Durchmesser (*D*) der Rolle = 32 mm, Dicke (*h*) der aufgewickelten Folie 3,9 mm.

<u>Gesucht</u>: a) Anzahl (*n*) der Wicklungen
b) Dicke (*s*) der Folie

<u>Lösung:</u>

Verwendung und Aufbau des Hammers

Der Hammer (Abb. 1) gehört zu den wichtigsten Bankwerkzeugen Ihres Ausbildungsplatzes. Er wird jedoch auch in jedem privaten Haushalt benötigt. Er ist erforderlich zum Nageln, Körnen, Meißeln, Montieren, Demontieren, …

Ein Hammer besteht aus:

- Hammerkopf (Abb. 2)
- Stiel
- Spannkeil (Abb. 3)

Die Teile des Hammerkopfes sind:

- die Finne (der keilförmige Teil)
- die Bahn (die Schlagfläche)
- das Auge (die Öffnung für den Stiel)

Der Werkstoff des Hammerkopfes richtet sich nach der Verwendung. Beim Schlosserhammer ist dies ein harter Werkzeugstahl.

Der Stiel besteht aus Holz. Das Holz der Esche ist besonders fest und elastisch und deshalb gut geeignet. Der Fachmann sagt: „Esche liegt gut in der Hand."

Aufgabe 1: Teile des Hammers (Abb. 1) und des Hammerkopfes (Abb. 2) benennen

Aufgabe 2: Gleiche Flächen in Abb. 2 und Abb. 4 je mit gleicher Farbe kennzeichnen
Beispiel: Finne gelb, Fläche a grün …

Stahl ist der am meisten verwendete Werkstoff im Maschinenbau. Für den Aufbau von Maschinen wird meistens die Sorte **Baustahl** verwendet. Je nach Anforderung sind jedoch besondere Eigenschaften notwendig. Der für Werkzeuge geeignete Stahl wird **Werkzeugstahl** genannt. Er kann wiederum in Kalt- und Warmarbeitsstahl unterteilt werden.

Aufgabe 3: Eigenschaften des Werkstoffs von Werkzeugen nennen
Nennen Sie für die folgenden Werkzeuge jeweils 2 wichtige Eigenschaften ihres Werkstoffs.

- Schlosserhammer: ……………………………………
  ……………………………………………………………
- Spiralbohrer: ………………………………………
- Körner: ……………………………………………

Die für den Hammer erforderliche Härte und Zähigkeit wird erst durch eine Wärmebehandlung erreicht. Im Ausgangszustand ist dieser Werkzeugstahl ausreichend gut spanbar.

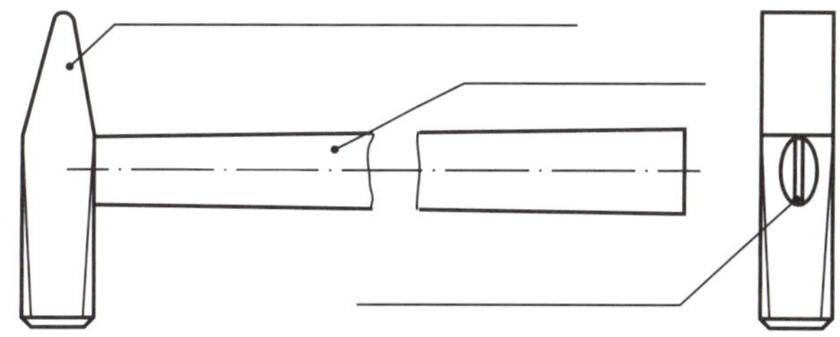

3	1	Spannkeil	Stahl
2	1	Stiel	Esche
1	1	Hammerkopf	Stahl (C60)
Pos.	Menge	Benennung	Werkstoff

Abb. 1: Schlosserhammer

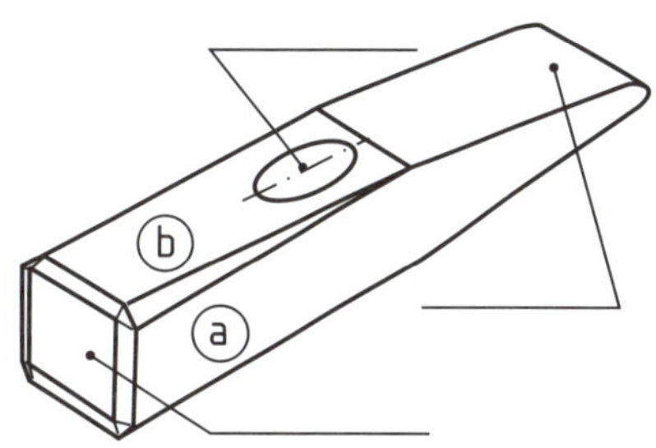

Abb. 2: Hammerkopf (Schrägbild)

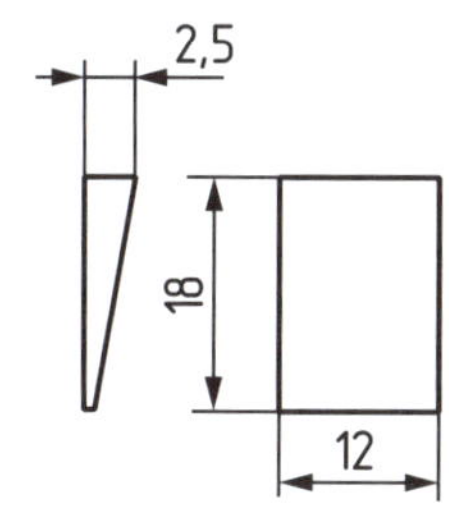

Abb. 3: Spannkeil

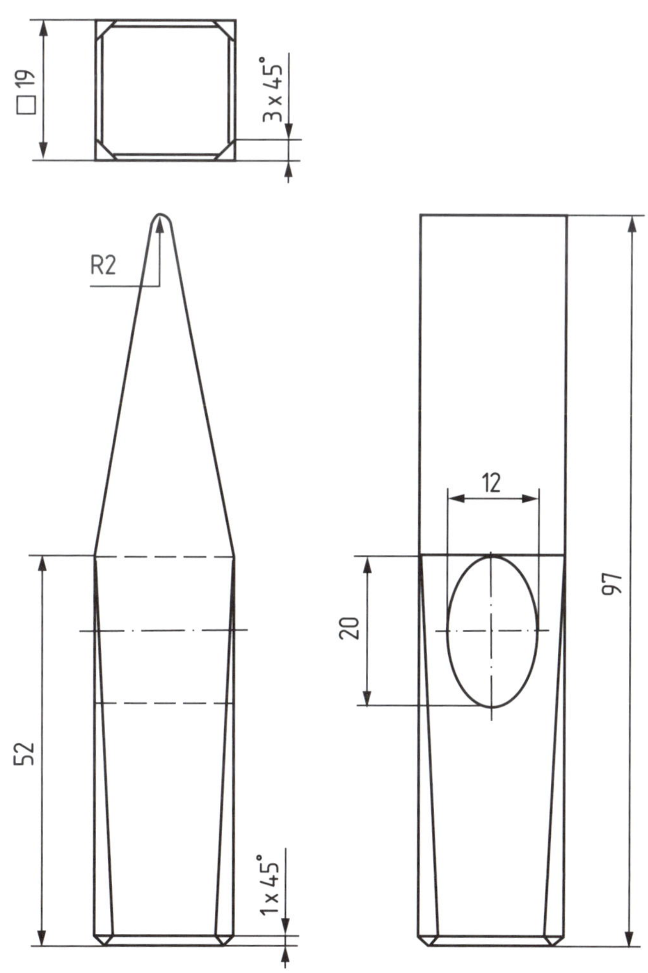

Abb. 4: Hammerkopf (Ansichten)

Allgemeintoleranzen ISO 2768 – m 1:1

Schlosserhammer **Teilzeichnung: Hammerkopf; Gestaltung, Fertigung**	Datum …………	Klasse …………	Name …………………	**16**

Versuch zum Vorbohren

Für das Herstellen des elliptischen Auges beim Schlosserhammer sind vier Bohrungen geplant (Abb. 1). Es soll deshalb untersucht werden, ob Vorbohrungen für die Bohrungen d = 8 mm sinnvoll sind (Abb.2).

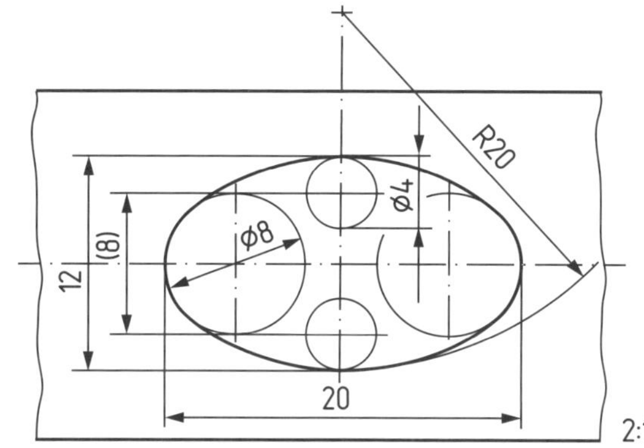

Abb. 1: Bohrbild Auge

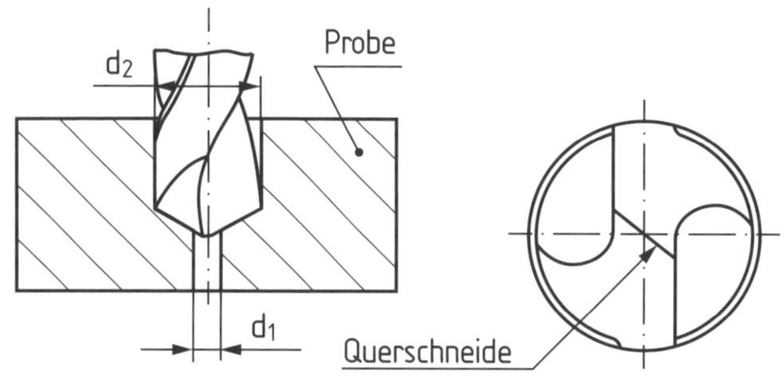

Abb. 2: Vorbohren

Aufgabe 1: Arbeitsplan und Versuchsauswertung ergänzen

Arbeitsplan

- Werkzeugmaschine: ....
- Spannmittel: ....
- Werkzeug: ....
- Werkstück: ....
- Richtwert nach Tabellenbuch: Schnittgeschwindigkeit v_c = 20 m/min, Drehzahlen nach Berechnung
- Proben mit Handvorschub bohren

Versuchsauswertung (Tab. 1)

Welche Auswirkung hat das Vorbohren auf die Vorschubkraft (F_v)?

....

Begründung: ....

Welche Ausführung ist zu empfehlen?

....

Merke: ....

....

....

....

Probe		d_1 in mm	d_2 in mm	F_V bei d_2
1	+			
2	+			
3	+	–		

Tab. 1: Versuchsdaten

Aufgabe 2: Drehzahl für Bohren berechnen

Formel für die Berechnung der Drehzahl:

$n = v_c / d \cdot \pi$

n Drehzahl in 1/min

v_c Schnittgeschwindigkeit in m/min

d Bohrungsdurchmesser in mm

Lösung:

Aufgabe 3: Auge für Schlosserhammer (Blatt 16) herstellen

Aufgabe 4: Härten des Hammerkopfs beobachten (Demonstration durch Lehrer)

Zur Steigerung seiner Härte, Verschleißfestigkeit und Zähigkeit ist der Hammer zu härten.

Vorgehen beim Härten:

- Langsam auf etwa 800 °C erwärmen
- Schnelles Abkühlen (Abschrecken) in Wasser
- Erwärmen (Anlassen) auf etwa 260 °C

Aufgabe 5: Hammer montieren

Der Stiel wird im Auge des Hammerkopfes durch Einschlagen des Spannkeils befestigt. Die Reibkraft zwischen den Teilen verhindert ein Lösen. Es handelt sich somit um ein kraftschlüssiges Fügen.

- In das Auge des Hammers .... einpassen
- .... leicht schräg zur Achse des Hammerkopfes einschlagen
- Bei Hammerkopf überstehenden Stiel entfernen
- Hammerkopf bei Bedarf blank .... und mit .... reinigen
- .... einölen, ... leicht einfetten

Verwendung und Darstellung
Mit dieser Schraubzwinge werden Teile beim Schweißen gespannt. Das Spannmittel ist robust, nicht ortsgebunden einsetzbar und einfach herstellbar.
Zum besseren Verständnis ist die Schraubzwinge im Schrägbild (Abb. 1) und mit Ansichten (Abb. 2) dargestellt.
Bei der Vorderansicht (Abb. 2) sind die Spannbacken aufgeschnitten gezeichnet. Dadurch werden die sonst verdeckten Innenformen sichtbar. Der Schnitt wird durch die Schraffur gekennzeichnet.

Aufgabe 1: Teile in beiden Abbildungen gleichfarbig anlegen
- Jeweils im sichtbaren Bereich gleiche Teile mit gleicher Farbe anlegen

Aufgabe 2: In Abb. 1 die Positionsnummern 1 bis 5 ergänzen

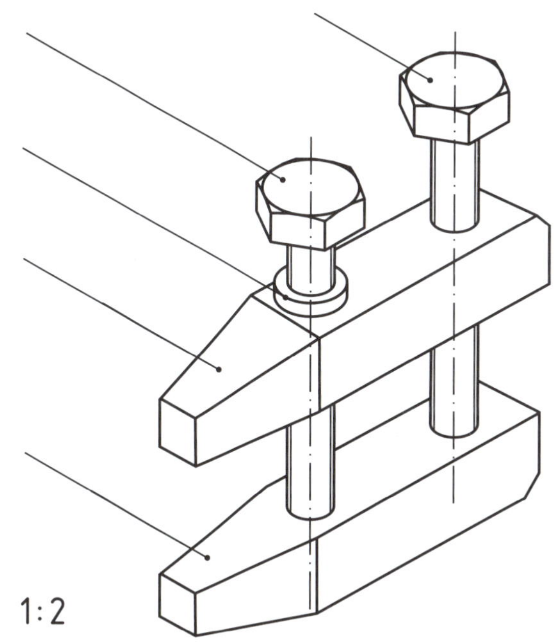

Abb. 1: Schrägbild

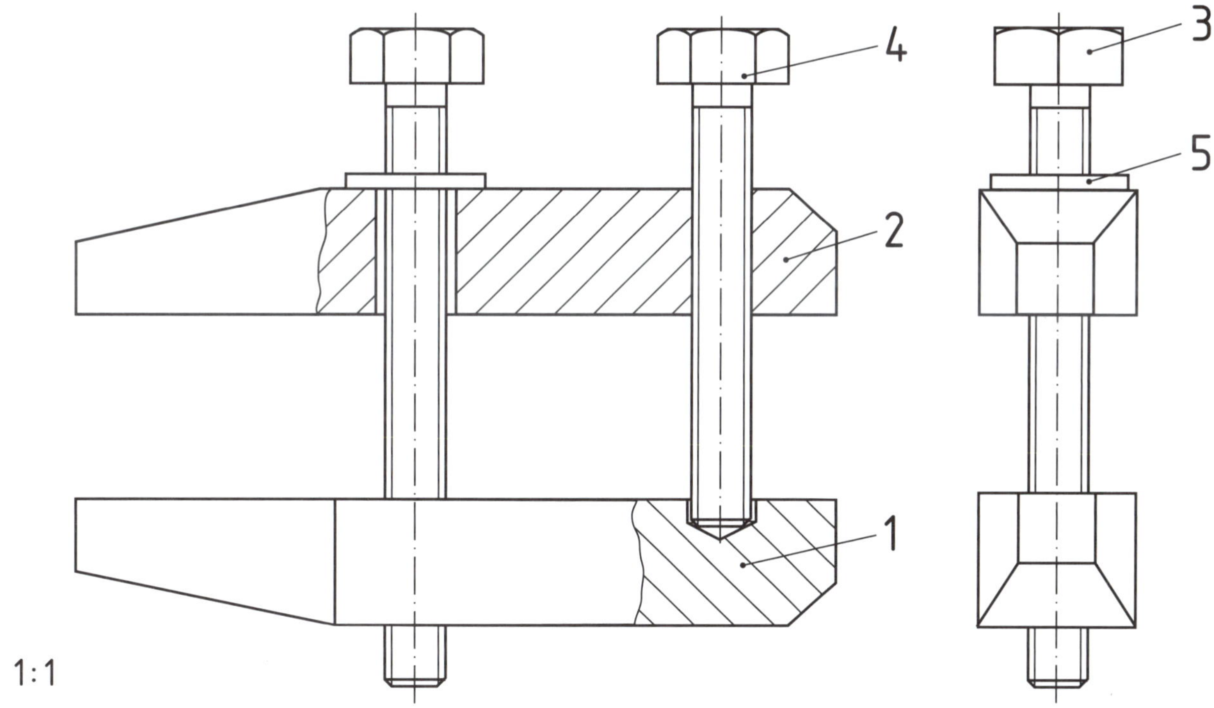

Abb. 2: Ansichten

5	1	Scheibe ISO 7090 – 8	Stahl	
4	1	Sechskantschr. ISO 4017 – M8 × 60	5.6	
3	1	Sechskantschr. ISO 4017 – M8 × 80	5.6	
2	1	Spannbacken B	Stahl	Fl EN 10278 – 20 × 16 × 102
1	1	Spannbacken A	Stahl	Fl EN 10278 – 20 × 16 × 102
Pos.	Menge	Benennung/Normbezeichnung	Werkstoff	Halbzeug

Maßstab nach ISO 5455
Technische Zeichnungen werden mit einem genormten Maßstab gezeichnet. Dieser wird im Schriftfeld der Zeichnung angegeben. Skizzen werden ohne Maßstab angefertigt.
Für die Schraubzwinge (Blatt 18, Abb. 2) ist der Maßstab 1 : 1 angegeben. Dieser Maßstab wird bevorzugt. Die Teile werden dabei in natürlicher Größe gezeichnet. So kann man sich die Größe am besten vorstellen. Aus Platzgründen ist das Schrägbild (Blatt 18, Abb. 1) im Maßstab 1 : 2, also verkleinert, dargestellt.

Aufgabe 1: Maßstab ermitteln
Abb. 1 zeigt 5 Darstellungen des gleichen Teils. Die mittlere Ansicht ist im Maßstab 1 : 1 gezeichnet. Daneben sind je zwei Darstellungen mit Verkleinerung bzw. Vergrößerung. Messen Sie die Längen nach und schreiben Sie jeweils den Maßstab dazu (s. Tabellenb.).

Aufgabe 2: Genormte Maßstäbe in Tab. 2 eintragen

Stückliste
In der Stückliste wird angegeben:
- **Positionsnummer:** Gleiche Teile = gleiche Nr.
- **Menge:** Die Summe aller gleichen Teile
- **Benennung:** Bevorzugt nach der Teileform
- **Normteile:** Benennung, Größe
- **Werkstoff:** Kurzbezeichnung
- **Halbzeug:** Kurzbezeichnung, Abmessung

Aufgabe 3: Benennung erläutern
Pos. 3: *Sechskantschraube*
ISO 4017 – M8 × 80
Klären Sie mit Hilfe des Tabellenbuches:
- Woran erkennt man diese Schraube?
  ....
  ....
- Wozu ist die Angabe ISO 4017erforderlich?
  ....
  ....
- Was ist besonders kennzeichnend bei dieser Art nach ISO 4017?
  ....
- Was besagt die Angabe M8 × 80?
  ....
  ....

Pos. 5: *Scheibe ISO 7090*
- Wodurch unterscheidet sich diese Scheibe von Scheiben nach ISO 7089?
  ....

Halbzeug
Halbzeuge sind Profile, die durch Walzen, Strangpressen oder Ziehen hergestellt wurden. Stahl kann im warmen oder kalten Zustand gewalzt oder gezogen werden.
Die beiden Spannbacken sind aus kaltgewalztem Stahl, entsprechend der Norm EN 10278. Dieses Halbzeug hat eine blanke Oberfläche und ist maßgenau. Die Breite und Dicke (= Querschnitt) der Spannbacken ist so gewählt, dass es dazu blanken Flachstahl mit diesen Abmessungen gibt. Die Seitenflächen der Spannbacken verbleiben dann im Anlieferungszustand.

Aufgabe 4: Halbzeug erläutern
Fl EN 10 278 – 20 × 16 × 102
- Was besagt die Angabe 20 × 16 × 102?
  ....
  ....
- Welchen Vorteil hat wohl die Verwendung von warmgewalztem Material?
  ....
- Informieren Sie sich im Tabellenbuch, welche Querschnittsformen es für genormten, blanken Flachstahl gibt.
- Geben Sie in Tab. 1 die Bezeichnungen an und skizzieren Sie den Querschnitt.

Bezeichnung	Querschnitt (Skizze)

Tab. 1: Halbzeuge

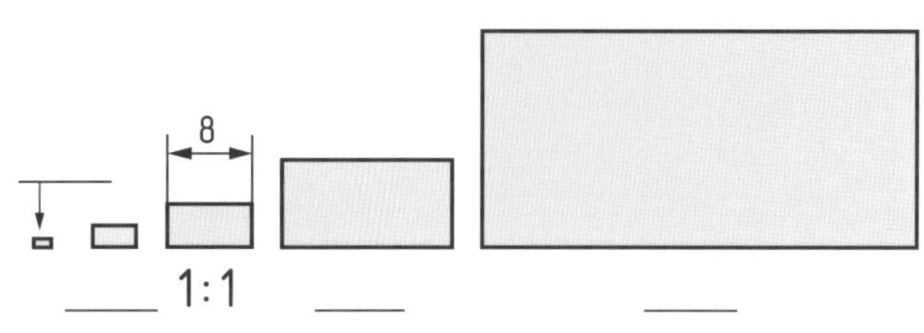

Abb. 1: Maßstäbe

Verkleinerung			Natürliche Größe	Vergrößerung		

Tab. 2: Genormte Maßstäbe

Schraubzwinge **Schriftfeld, Stückliste**	Datum	Klasse	Name	**19**

Bei Schrägbildern (Abb. 1) erscheinen Winkel, Flächen und schräge Kanten nicht in wahrer Größe. Dieser Nachteil entfällt, wenn man senkrecht auf die Flächen schaut (Abb. 2).

Darstellung in Ansichten (ISO 128)

1. Vorderansicht und Seitenansichten stehen nebeneinander und sind gleich groß.
2. Untersicht, Vorderansicht und Draufsicht stehen untereinander und sind gleich breit.
3. Draufsicht, Seitenansichten und Untersicht sind gleich dick.
4. Vorderansicht hat meist die größte Fläche.
5. Verdeckte Kanten werden mit Strichlinien (Strich = 4 mm lang) dargestellt.

Hinweis: Bei technischen Zeichnungen werden jedoch nur die zum Erkennen der Teile erforderlichen Ansichten gezeichnet.

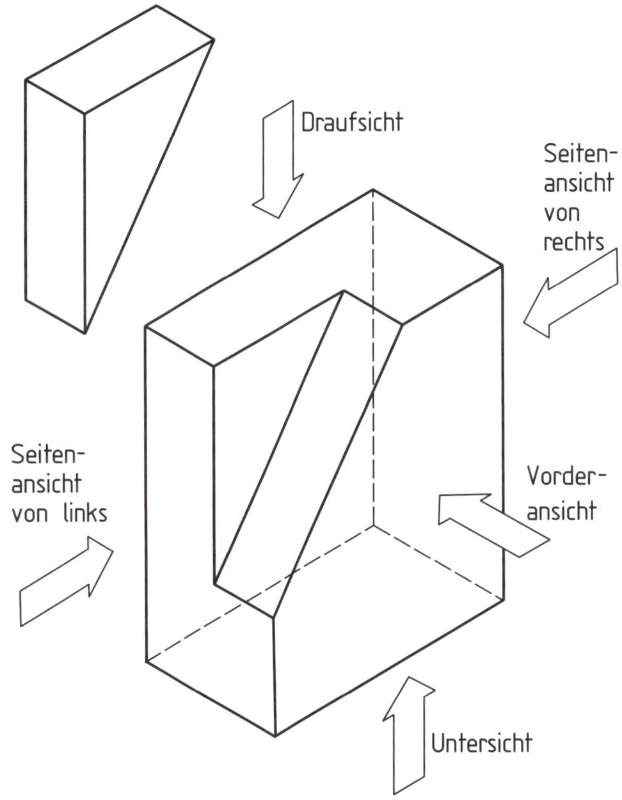

Abb. 1: Schrägbild

Aufgabe 1: Sichtbare Flächen farbig anlegen
Bei Abb. 1 und Abb. 2 parallele Flächen jeweils gleichfarbig anlegen

Aufgabe 2: Bezeichnung der Ansichten in Abb. 2 entsprechend Abb. 1 eintragen

Aufgabe 3: Sichtbare, parallele Flächen bei Abb. 3 und 4 gleichfarbig kennzeichnen

Aufgabe 4: Teilzeichnungen zu Abb. 3 und Abb. 4 im Maßstab 1 : 1 erstellen
Jeweils 5 Ansichten auf Extrablättern

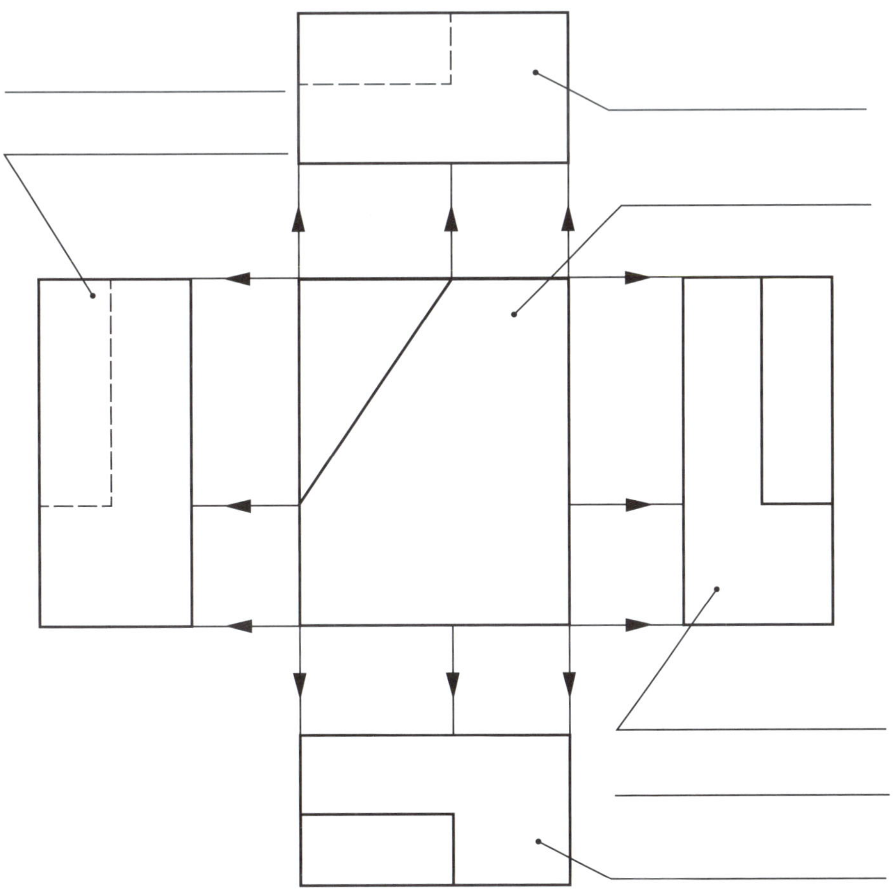

Abb. 2: Projektionsmethode

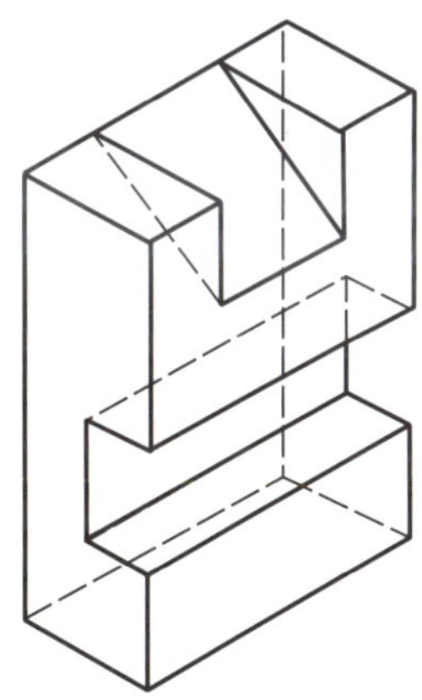

Abb. 3 1:2

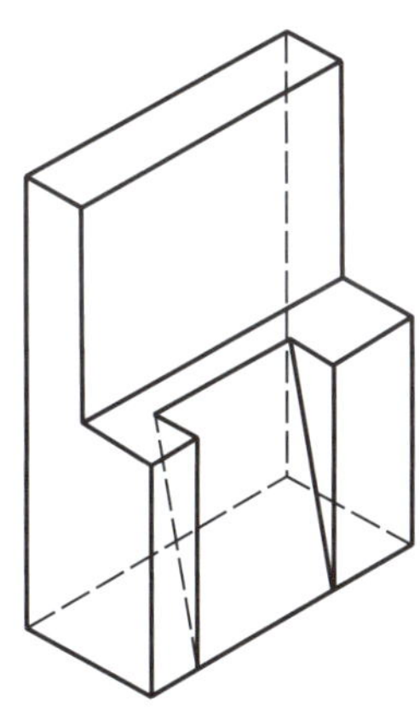

Abb. 4 1:2

Die ebenen Flächen der Spannbacken sollen mit handgeführten Werkzeugen hergestellt werden. Dazu ist die Teilzeichnung zu erstellen und die Fertigung zu planen.

Aufgabe 1: Teilzeichnung für Spannbacken (Pos. 1 und 2) Abb. 1 ergänzen

Darstellung: Vorderansicht, Draufsicht und beide Seitenansichten, jedoch ohne Bohrung und Gewinde

Bemaßung: Abmessungen der Gesamtzeichnung entnehmen

Oberflächenbeschaffenheit: Schlichten (Riefen sichtbar, nicht spürbar)

Allgemeintoleranzen: Toleranzklasse mittel

Aufgabe 2: Fertigungsplan erarbeiten

Werkzeuge für

- Messen und Anreißen:
  ....
  ....
- Spanen:
  ....
  ....

Fertigungsschritte:

1. ....
2. ....
3. ....
4. ....
5. ....
6. ....

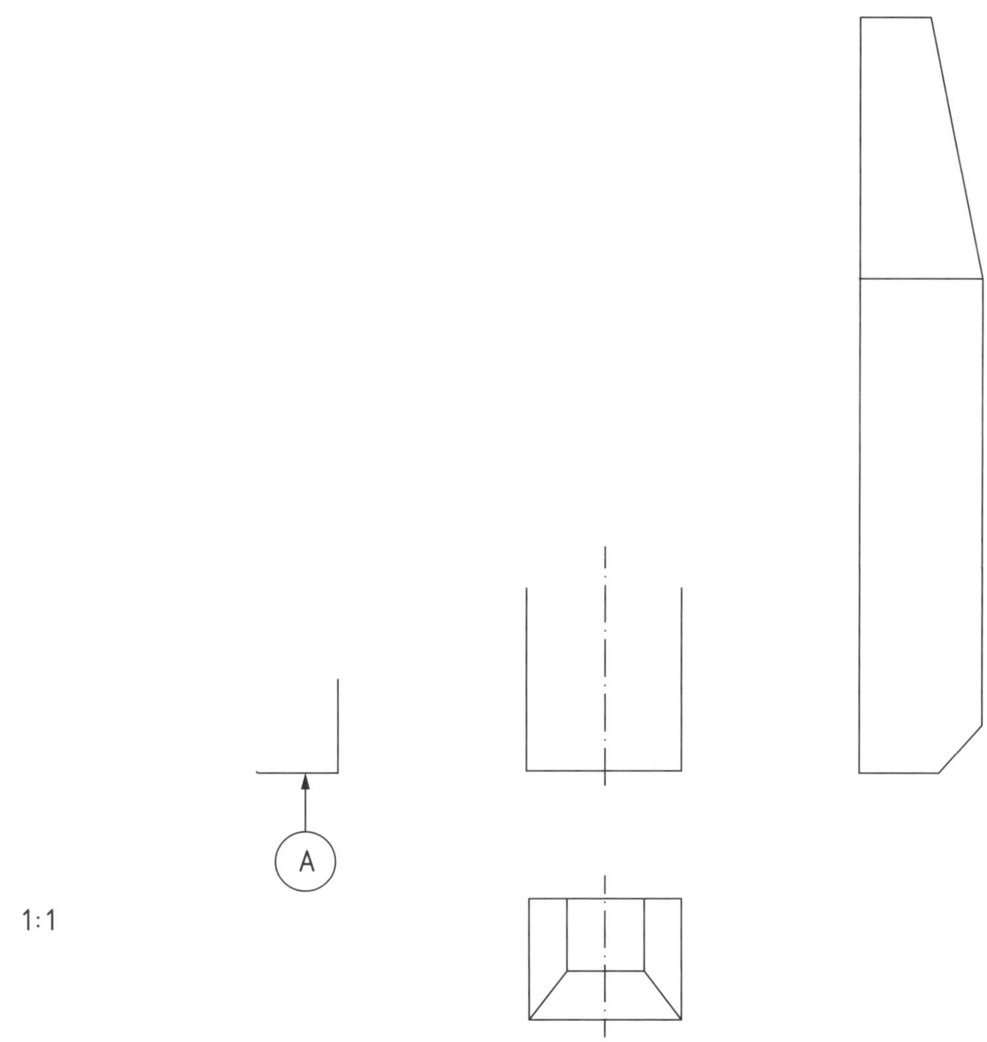

Abb. 1

1.2	2	Spannbacken	Stahl	Fl EN 10278 – 20 × 16 × 102
Pos.	Menge	Benennung	Werkstoff	Halbzeug

Schraubzwinge **Teilzeichnung: Spannbacken**	Datum	Klasse	Name	**21**

Gewinde (ISO 6410)

a) Gewinde werden sinnbildlich dargestellt.

b) Bei der Ansicht mit der Längsachse wird:
- die Gewindetiefe mit einer schmalen Volllinie,
- die Gewindebegrenzungslinie mit einer breiten Volllinie dargestellt (Abb. 1).

c) Bei der Ansicht mit den Querachsen ist die Gewindetiefe mit einem 3/4-Kreis anzugeben.

d) Senkungen für das Gewinde werden nicht dargestellt.

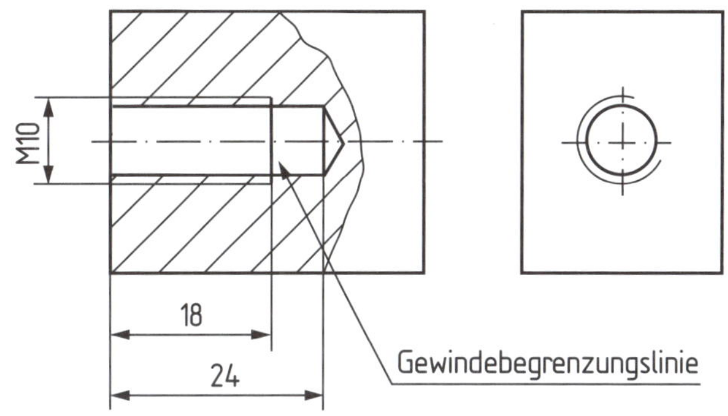

Abb. 1: Innengewinde

Aufgabe 1: Bohren der Spannbacken (Abb. 2) planen

Fertigungsplan:

Werkstoff: ....

Halbzeug: ....

Maschine: ....

Spannmittel: ....

Werkzeug: ....

....

....

Prüfmittel: ....

Fertigungsschritte:

a) Bei Abb. 2 noch fehlende Maße ermitteln und eintragen:
- Durchgangsloch nach EN 20273
- Kernlochdurchmesser nach DIN 13
- Abstände siehe Gesamtzeichnung

b) Bei dem oberen Spannbacken (2):
- Bohrungsmitten anreißen und körnen
- Versatz der Backen anreißen

c) Spannbacken gemeinsam spannen, damit Bohrungsabstände gleich sind

d)
- Drehzahlen (n_1, n_2) berechnen
- Schnittgeschwindigkeit v_c = 20 m/min
- Vorschub von Hand

Lösung:

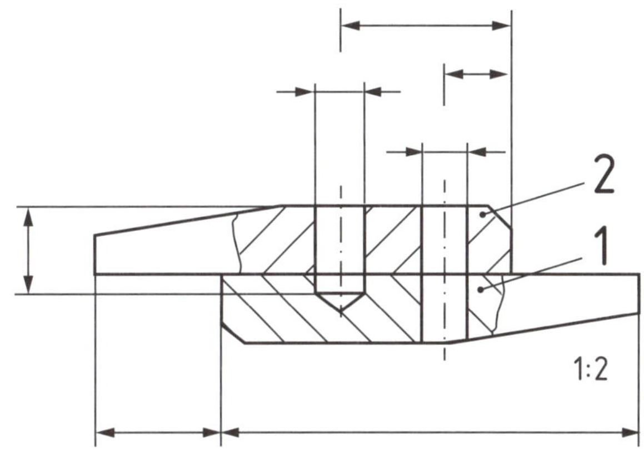

Abb. 2: Aufspannung Bohren

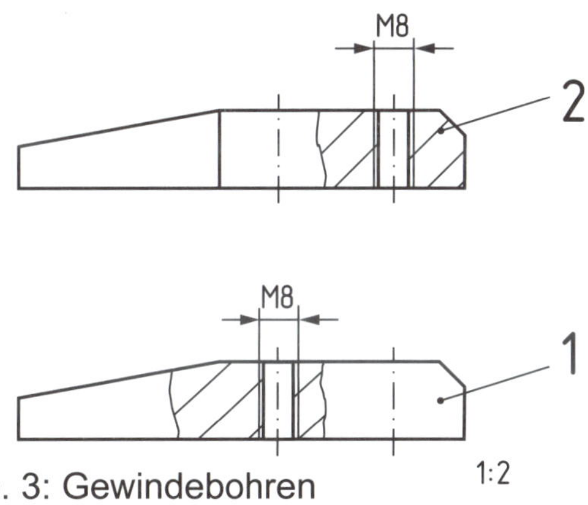

Abb. 3: Gewindebohren

Gewindebohren

Die Herstellung langer Gewinde erfolgt mit drei Gewindebohrern:
- Vorschneider und
- Mittelschneider dienen der Spanabnahme.
- Fertigschneider glättet die Oberfläche.

Vor dem Gewindebohren ist die Bohrung beidseitig mit einem 90°-Senker auf die Tiefe des Gewindes anzusenken. Dadurch wird Gratbildung verhindert und das Ansetzen des Werkzeugs erleichtert.

Aufgabe 2: Spannbacken bohren (Abb. 2)

Aufgabe 3: Gewinde bohren (Abb. 3)

Die Unterweisung zu Aufgabe 2 und 3 erfolgt durch die Lehrkraft.

Herstellung

Schrauben sind die bei technischen Systemen am häufigsten vorkommenden Bauteile. Bei der Schraubzwinge (Blatt 18, Pos.3) nehmen sie die Kräfte durch ihre Kopfform auf. Dadurch entsteht eine formschlüssige Verbindung.

Normbezeichnung

Die Normbezeichnung enthält die zur eindeutigen Bestimmung der Schraube notwendigen Daten.

<u>Beispiel:</u> Sechskantschraube
ISO 4017 – M8 × 80 – 5.6

Dabei bedeutet (vgl. Blatt 19):

- ISO 4017: International genormte Sechskantschraube, Gewinde bis zum Kopf
- M8: Metrisches Gewinde, d = 8 mm
- 80: Schraubenlänge bis zum Kopf = 80 mm
- 5.6: Werkstoff (= Festigkeitsklasse)

Weitere Einzelheiten wie zu Schlüsselweite (hier SW 13) und Gewindegänge sind dem Normblatt zu entnehmen.

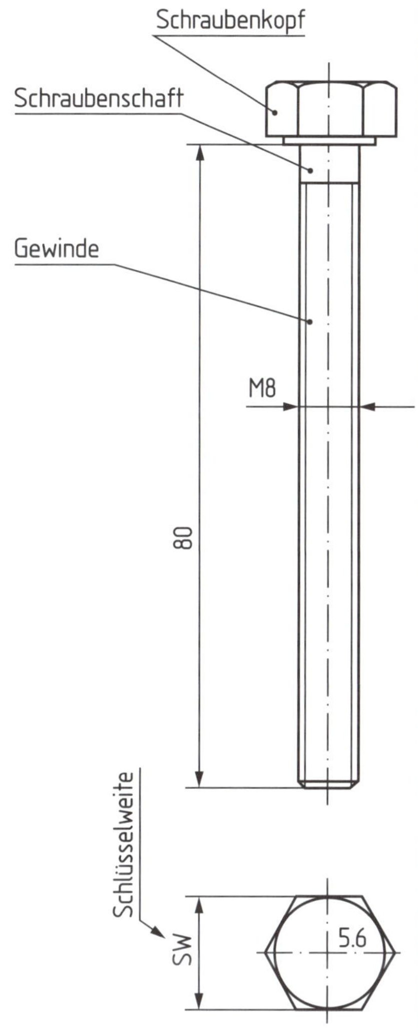

Abb. 1
Sechskantschraube
ISO 4017 – M8 × 80

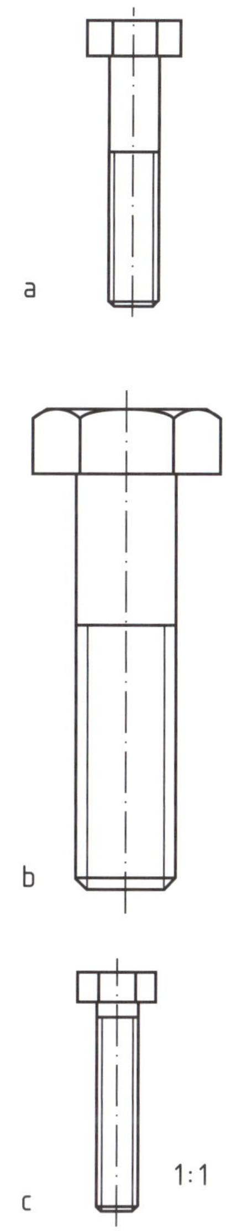

Abb. 2:
Größen

Aufgabe 1: Schraubenbezeichnung erkennen

Kreuzen Sie an, nach welchem Kriterium die Bezeichnung erfolgte:

	Form	Größe	Verwendung
Sechskantschr.			
Stiftschraube			
Verschlussschr.			
Blechschraube			
Flügelschraube			

Aufgabe 2: Normbezeichnungen der Schrauben von Abb. 2 eintragen

a) ....
....

b) ....
....

c) ....
....

Aufgabe 3: Schraubzwinge optimieren

Das Spannen der Schraubzwinge erfordert einen passenden Schraubenschlüssel. Skizzieren Sie einen Vorschlag, wie ein Anziehen von Hand ohne Hilfsmittel möglich ist. Benennen Sie eventuelle Normteile.

Lösung: Pos. 3
Lösungsskizze zu Aufgabe 3

Aufgabe 1: Darstellung in Abb. 1 und 2 ergänzen

- Gleiche Teile im sichtbaren Bereich mit gleicher Farbe anlegen
- In Abb. 1: Positionsnummern eintragen

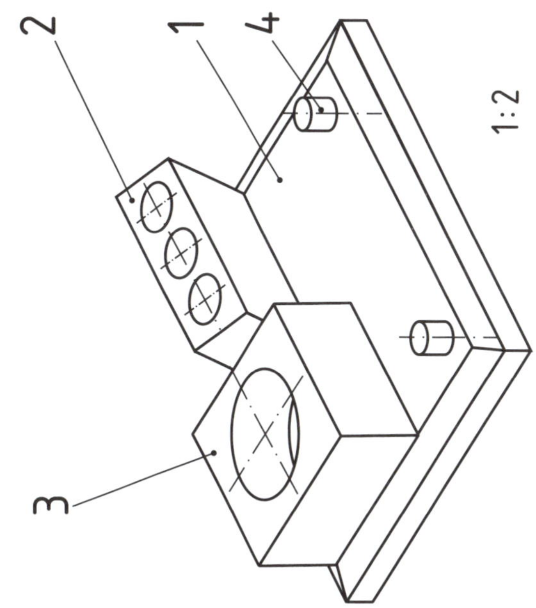

Abb. 2: Schrägbild

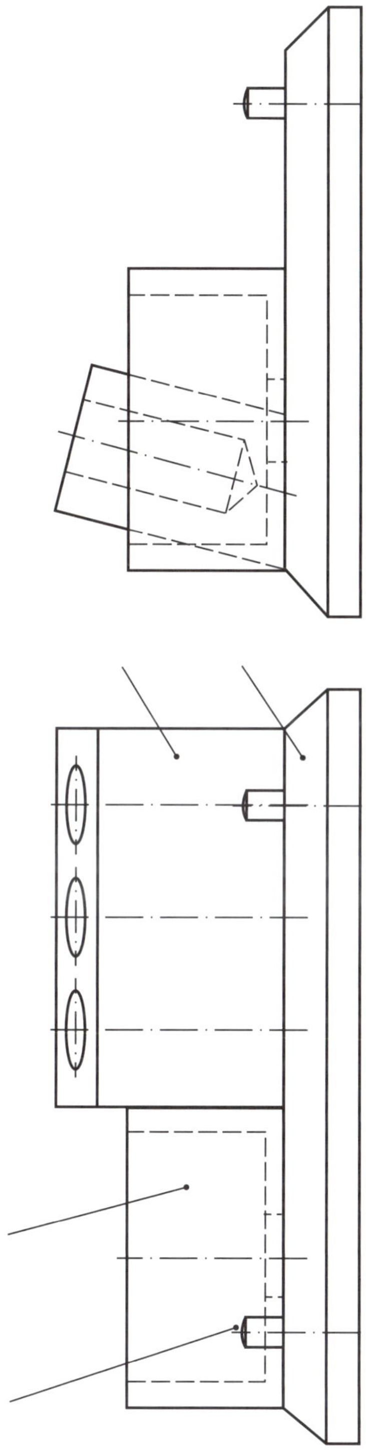
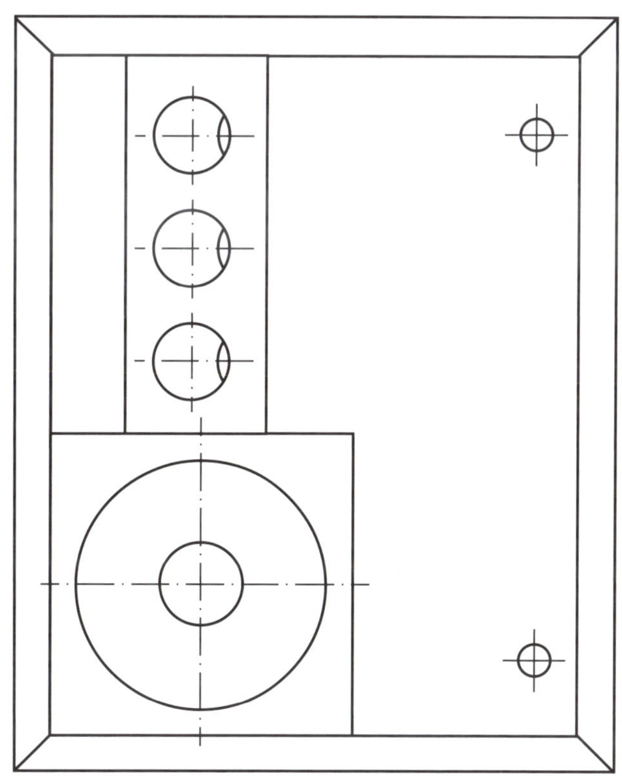

Abb. 1: Ansichten

4	2	Kerbstift ISO 8740 – 5 × 14	St	
3	1	Kleinteileablage	AlMg3	Fl EN 754 – 40 × 20 × 42
2	1	Stifthalter	AlMg3	Fl EN 754 – 40 × 20 × 52
1	1	Grundplatte	AlMg3	Fl EN 754 – 80 × 10 × 103
Pos.	Menge	Benennung / Normbezeichnung	Werkstoff	Halbzeug

Schreibtisch-Organizer **Gesamtzeichnung: Schrägbild, Ansichten**	Datum	Klasse	Name	**24**

Aufgabe 1: Teilzeichnung zu Stifthalter (Blatt 24, Pos. 2) in Abb. 1 ergänzen

Darstellung:
- Umriss bei Vorderansicht und Draufsicht mit breiten Volllinien nachziehen
- Bei Vorderansicht für die Bohrungen nur die Symmetrieachsen eintragen
- Seitenansicht im Schnitt darstellen

Maßeintragung:
- Maße der Gesamtzeichnung entnehmen

Allgemeine Angaben ergänzen:
- Maßstab
- Allgemeintoleranzen
- Stückliste
- Oberflächen geschlichtet

Aufgabe 2: Ausnutzungsgrad berechnen

a) Volumen des Halbzeugs
b) Volumen des Teils vor dem Bohren
c) Ausnutzungsgrad (N_A) des Halbzeuges

Lösung:

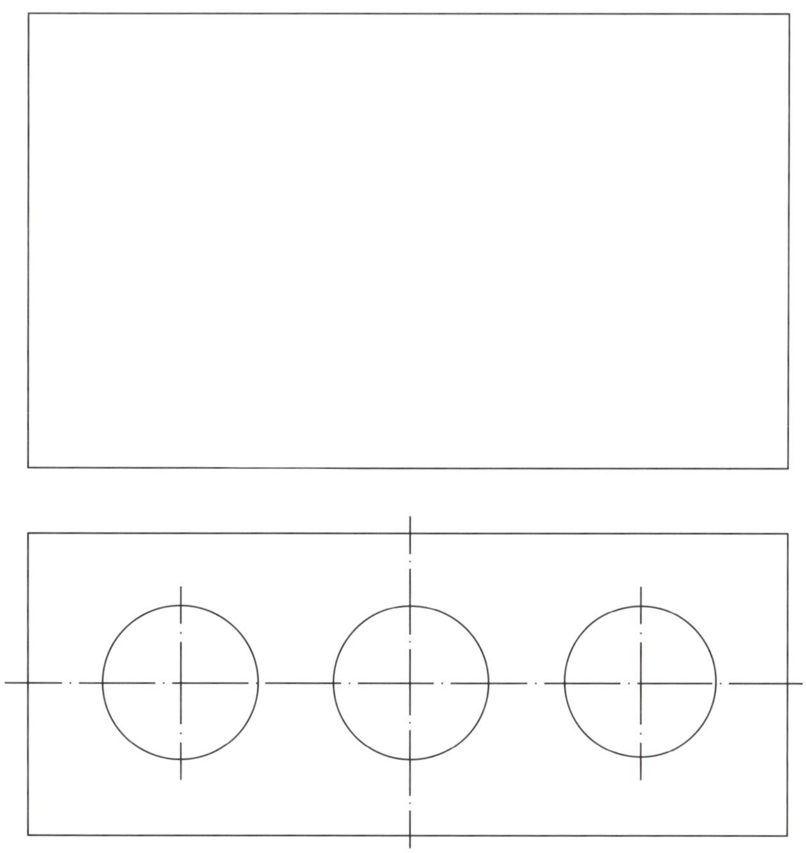

Abb. 1

		Stifthalter		
Pos.	Menge	Benennung	Werkstoff	Halbzeug

Aufgabe 1: Teilzeichnungen ergänzen

Kleinteileablage (Abb. 1):

- Vorderansicht (Bohrungen sind vorhanden), Seitenansicht im Schnitt
- Senkung: Tiefe 18 mm, d = 11 mm, D = 33 mm

Grundplatte (Abb. 2):

- Vorderansicht (Umriss zum Teil angedeutet), Seitenansicht
- Bohrung bei Seitenansicht mit Teilschnitt darstellen

Allgemeine Angaben:

- Die Maße sind aus der Gesamtzeichnung zu ermitteln.
- Oberflächenbeschaffenheit: Schlichten (Riefen noch sichtbar, nicht mehr fühlbar)
- Allgemeintoleranzen ISO 2768 – m

Aufgabe 2: Drehzahl für das Bohren des Stifthalters (Blatt 24, Pos. 2) berechnen

- d = ...   • v_c = ...

Lösung:

Aufgabe 3: Teile Pos. 1 bis 3 anfertigen

- Bohrungen bei Grundplatte mit neuwertigem Bohrer herstellen, da Kerbstifte eingesetzt werden
- Hinweise zu Arbeitsregeln und Arbeitssicherheit beachten!

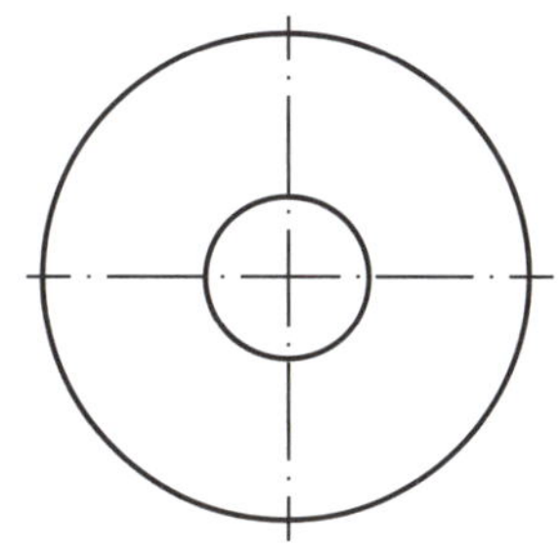

Abb. 1: Kleinteileablage 1:1

Abb. 2: Grundplatte 1:1

3	1	Kleinteileablage	AlMg3	Fl EN 754 – 40 × 20 × 42
1	1	Grundplatte	AlMg3	Fl EN 754 – 80 × 10 × 103
Pos.	Menge	Benennung	Werkstoff	Halbzeug

Schreibtisch-Organizer

Teilzeichnungen: Pos. 1 und Pos. 3

Datum	Klasse	Name
....	....	....

Beim Schreibtisch-Organizer sind die Teile mit Pos. 1 bis 3 durch Kleben zu verbinden.

Klebstoff
Als Klebstoff werden häufig Zwei-Komponenten-Kleber (2K-Klebstoffe) verwendet.
Vorteile dieser Kleber sind:
- Für Metalle wie Stahl, Aluminium und Kupfer sowie deren Legierungen geeignet
- Hohe Festigkeit
- Meist lösungsmittelfrei
- Aushärtung bei Raumtemperatur
- Gebrauchstemperatur –50° bis +80°

Arbeitsschritte für das Kleben
1. Klebefläche etwas aufrauen (*Schleifpapier*) und anzeichnen (*Reißnadel*)
2. *Oberflächenreiniger* auftragen und Flächen nach Gebrauchsanleitung reinigen (Abzug)
3. Klebeflächen mit *Aktivator* benetzen (Abzug)
4. *Klebstoff* raupen- bzw. punktförmig auftragen und mit *Spachtel* verteilen
   Beachte: Je dünner die Klebeschicht, desto höher wird die Belastbarkeit.
5. Teile ausrichten, andrücken und gegen Verrutschen sichern (*Schraubzwinge*)
6. Rückstände mit *Klebstoffreiniger* entfernen

Aufgabe 1: Arbeitsmittel auflisten
Beachten Sie dabei die Arbeitsschritte.

a) ....

b) ....

c) ....

d) ....

e) ....

f) ....

g) ....

h) ....

Arbeitssicherheit: Sekundenkleber
Verklebte Hautflächen
- Haut nicht auseinanderreißen
- Pflanzenöl großflächig auftragen
- Einwirken lassen, Verbindung löst sich
- Mit Wasser und Seife reinigen

Augenverklebung
- Nicht mit Gewalt öffnen
- Augenarzt aufsuchen

Weitere Sicherheitshinweise
- Hinweise des Klebstoffherstellers und Anweisungen der Lehrkraft sind zu beachten

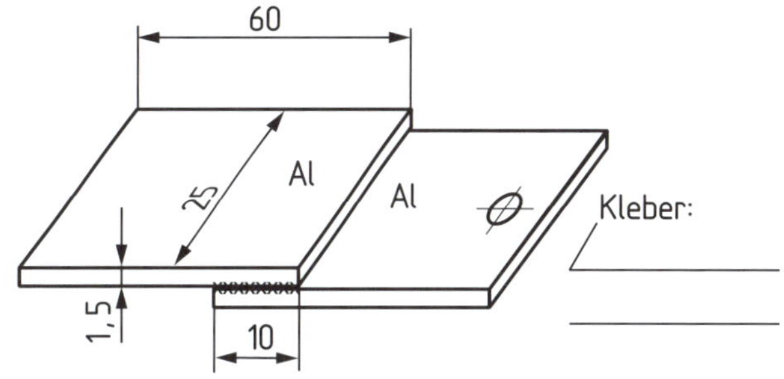

Abb. 1: Blechstreifen (siehe Abb. 2: Werkstück)

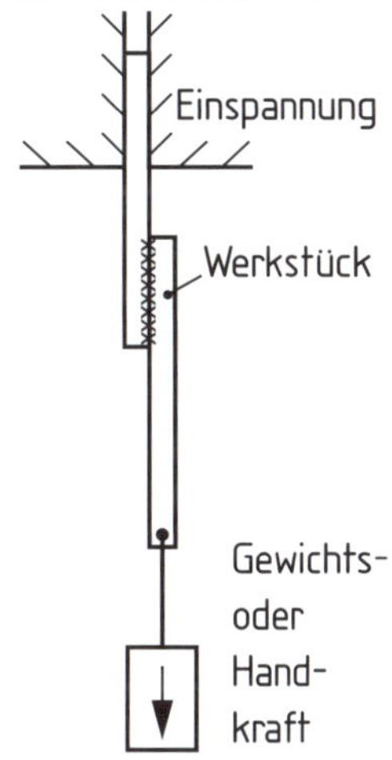

Abb. 2: Probe

Werkstoff	Oberfläche	Belastbarkeit

Tab. 1: Versuch

Versuch: Einfluss der Reinigung prüfen
1. Vier Al-Blechstreifen (Abb. 1) einölen
2. Zwei Blechstreifen mit Reiniger säubern
3. Al-Bleche auslegen und auf jedes Blech einen Tropfen Schnellkleber geben
4. Gereinigte bzw. ungereinigte Bleche fügen
5. Nach ca. 3 Minuten Aushärten die Beanspruchbarkeit (Bruch) prüfen (Abb. 2)
6. Beobachtung in Tabelle 1 eintragen
7. Weitere Werkstoffverbindung untersuchen

Aufgabe 2: Teile des Schreibtisch-Organizers kleben
Die Unterweisung erfolgt durch die Lehrkraft.

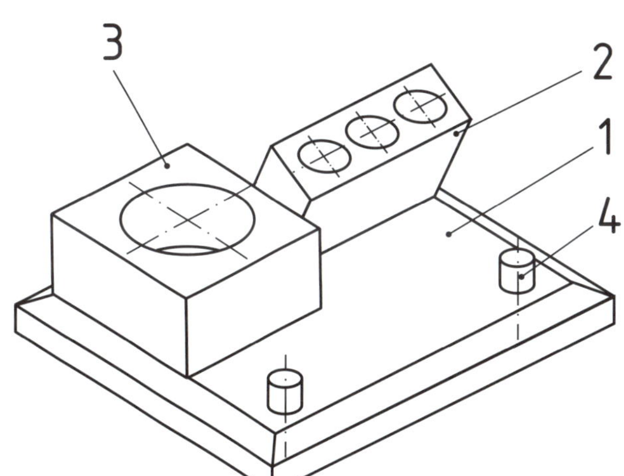

Abb. 3: Schreibtisch-Organizer

Bei dem Schreibtisch-Organizer ist geplant, die Teile Pos. 1 und Pos. 3 durch Kleben zu verbinden. Dies könnte jedoch auch durch Verschrauben erfolgen. Beide Verbindungstechniken haben Vor- und Nachteile.

Aufgabe 1: Vor- und Nachteile bei Verschraubungen nennen

a) Die Ablage soll von oben mit Sechskantschrauben verbunden werden. Nennen Sie dazu je einen Vor- und Nachteil.

Vorteil: ....

Nachteil: ....

b) Es wird die Verwendung einer Zylinderschraube mit Innensechskant vorgeschlagen. Warum ist dies nicht zu empfehlen?

....

c) Welche Verschraubung schlagen Sie vor?

....

Aufgabe 2: Senkung bemaßen

Abb. 1 zeigt die Grundplatte mit einer Senkung nach DIN 974 für eine Zylinderschraube ISO 4762 – M4 × 12.

Die Senktiefe errechnet sich aus:

Senktiefe = Kopfhöhe Schraube + Zugabe

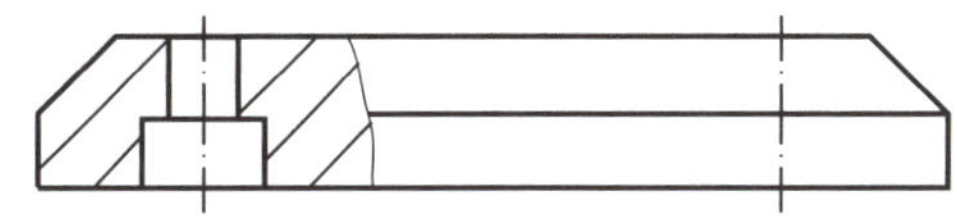

1:1

Abb. 1: Zylindrische Senkung

Stifte

Bei der Grundplatte sind zwei Stifte anzubringen. Damit soll verhindert werden, dass abgelegte Bleistifte von der Grundplatte abrollen. Im Vorrichtungsbau werden meist Zylinderstifte verwendet. Mit ihnen werden Teile genau positioniert. Dazu ist die Bohrung noch zu reiben. Bei dieser Verwendung sind keine Zylinderstifte notwendig. Beim Einsatz von Kerbstiften genügt Bohren.

Aufgabe 3: Teilzeichnung zu Abb. 2 anfertigen.

Die Blatteinteilung ist bereits angedeutet.

Gefordert: Vorderansicht im Schnitt, Draufsicht, Bemaßung siehe Abmessungen

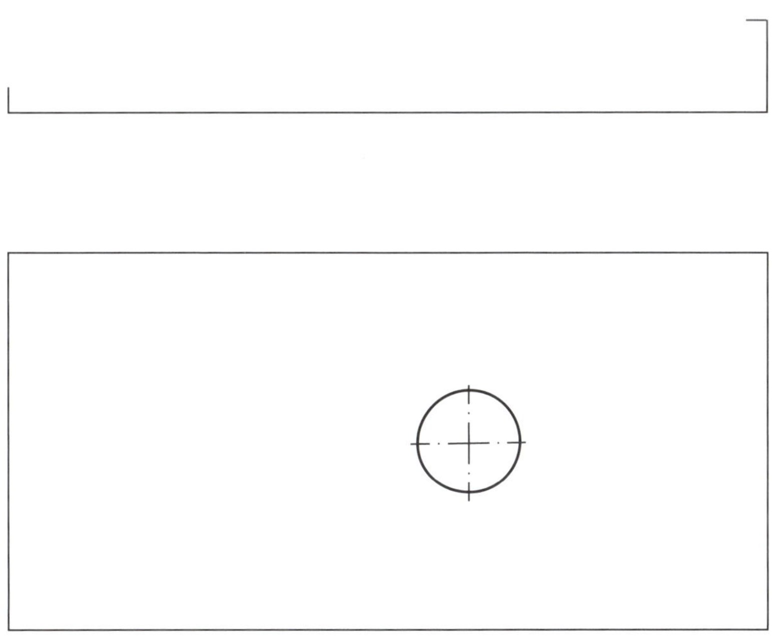

1:1

Abb. 3: Spannprisma

<u>Abmessungen</u>

Grundkörper: 50 × 25 × 100

Kegelige Senkung DIN 74

Bohrung *d* = 13,5 mm

Senkwinkel: 90°

Senktiefe: 7 mm

Prismenwinkel: 90°

Höhe des Absatzes: 12 mm

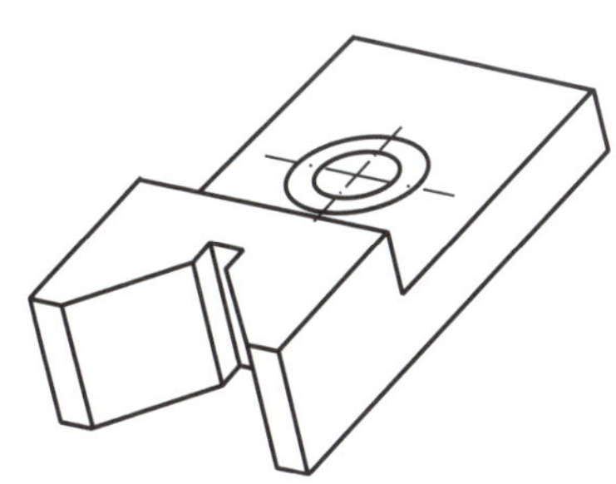

Abb. 2

Mit der Stützvorrichtung (Abb. 1) können Lasten abgestützt werden. Eine stufenlose Verstellung ist auch unter Belastung möglich.

Aufgabe 1: Darstellung erläutern

a) Legen Sie bei der Gesamtzeichnung (Abb. 1) die 4 Teile im sichtbaren Bereich mit verschiedenen Farben an.

b) Wie heißen die beiden Schnittarten bei der Zeichnung? ....

c) Welche Teile haben ein Gewinde?

....

Aufgabe 2: Vereinfachte Stückliste erstellen

- Pos. und Menge angeben
- Teile benennen.
- Bei Werkstoff für Pos. 2 und 4 ist eine Festigkeitsklasse anzugeben. Bei Pos. 1 und 3 ist wählbar: Baustahl, Gusseisen oder Aluminium.

Aufgabe 3: Beschreibung zur Verstellung der Stützvorrichtung ergänzen

- Pos. ..... mit .... lösen
- Pos. ..... auf neue Höhe einstellen
- Pos. ..... wieder anziehen, dabei Pos. ..... mit Schlüssel gegen Verdrehen festhalten.

Aufgabe 4: Funktion überlegen

a) Pos. 2 und 4 haben ein Regelgewinde. Die Stützvorrichtung ist für eine größere Höhe einzustellen. In welche Richtung ist Pos. 4 zum Lösen zu drehen?

....

In welche Richtung ist Pos. 2 zu drehen?

....

b) Die Bohrung der Schraube hat die Grenzabmaße 0 und −0,2. Wie sind die Grenzabmaße für den Zapfen (Pos. 3) für einen festen Sitz zu wählen? ....

		....	....
		....	....
		....	....
		....	....
Pos.	Menge	Benennung	Werkstoff

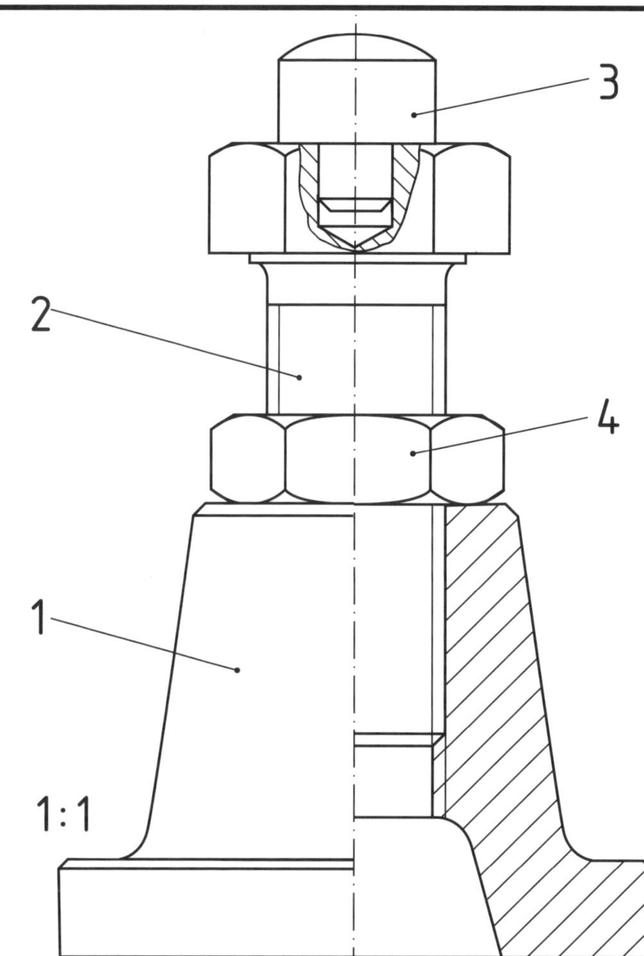

Abb. 1: Stützvorrichtung

Arbeitssicherheit und Unfallverhütung

Um die Arbeit sicherer durchführen zu können und um Unfälle zu vermeiden, sind entsprechende Sinnbilder (ISO 7010) zu beachten. Dies sind:

- Verbotszeichen: Was man nicht tun darf.
- Warnzeichen: Wovor man sich schützen soll.

Aufgabe 5: Die Abb. 2 ergänzen

Warnzeichen	Bedeutung und Beispiel
	Gefahrenstelle, allgemein Bsp.: Unter Kran
	Gefahr: Elektrische Spannung Bsp.: Elektromotor
	Feuergefahr Bsp.: Waschbenzin
....	
	Keine offene Flamme Bsp.: Bei hoch entzündbaren Gasen

Abb. 2: Warn- und Verbotszeichen

Die Kleinteilebox kann vielfältig in einer Werkstatt oder im privaten Bereich verwendet werden. Entscheidend ist die Sorgfalt und Mühe, mit der sie hergestellt und individuell ausgestaltet wird.
Die Skizze in Abb. 1 zeigt die Außenmaße der aus Blech zu fertigenden Kleinteilebox.
Dazu sind maßgenaue Zuschnitte erforderlich. Diese werden durch Weichlöten miteinander verbunden.

Aufgabe 1: Angaben zur Gestaltung ergänzen

1. **Werkstoff**

Welche Anforderungen soll der Werkstoff erfüllen?

- ....
- ....
- ....

Welche Werkstoffe erfüllen diese Anforderungen?

- ....
- ....

gewählt: ....

2. **Blechdicke**

Welche Anforderungen sind zu beachten?

- ....
- ....

gewählt: ....

3. **Biegeradius**

Der Biegeradius darf nicht zu klein sein. Wovon ist der kleinste zulässige Radius wohl abhängig (Richtwerte hierzu in DIN 5520)?

- ....
- ....

gewählt: ....

4. **Rückfederung**

Sie beträgt bei Stahlblech etwa 2° (DIN 6935).

Aufgabe 2: Gestreckte Länge für Winkel Abb. 3 berechnen

s = 2 mm, c =120 mm, d = 50 mm, r = 4 mm

<u>Lösung:</u>

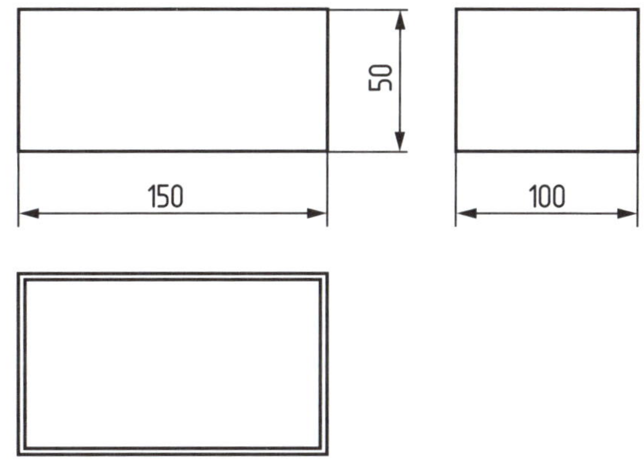

Abb. 1: Ansichten Kleinteilebox (Entwurf)

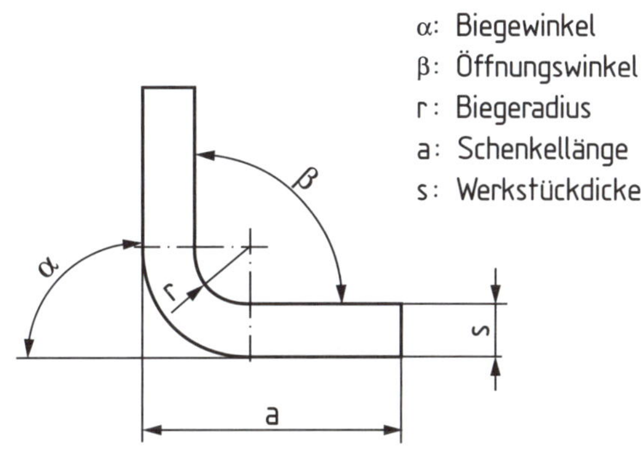

Abb. 2: Bezeichnungen Biegeteil

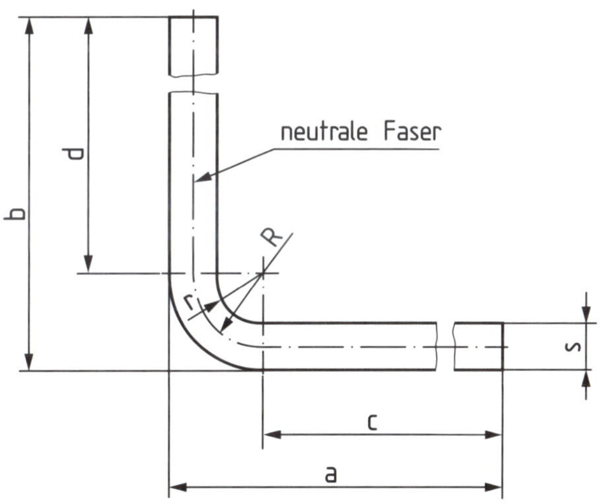

$$L = c + d + \frac{2\pi R}{4} = c + d + \frac{\pi R}{2}$$

Abb. 3: Gestreckte Länge, neutrale Faser

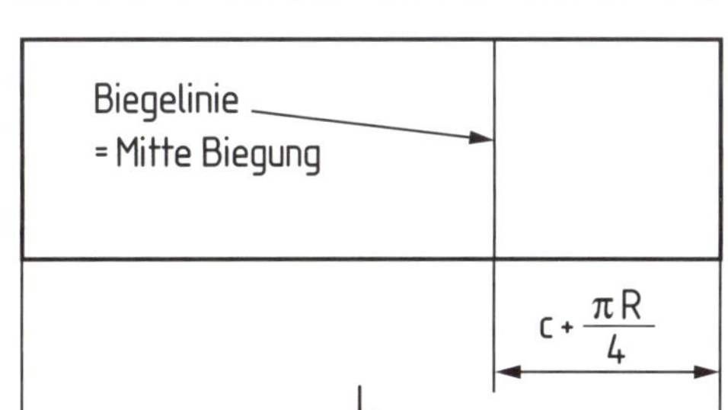

Abb. 4: Biegelinie

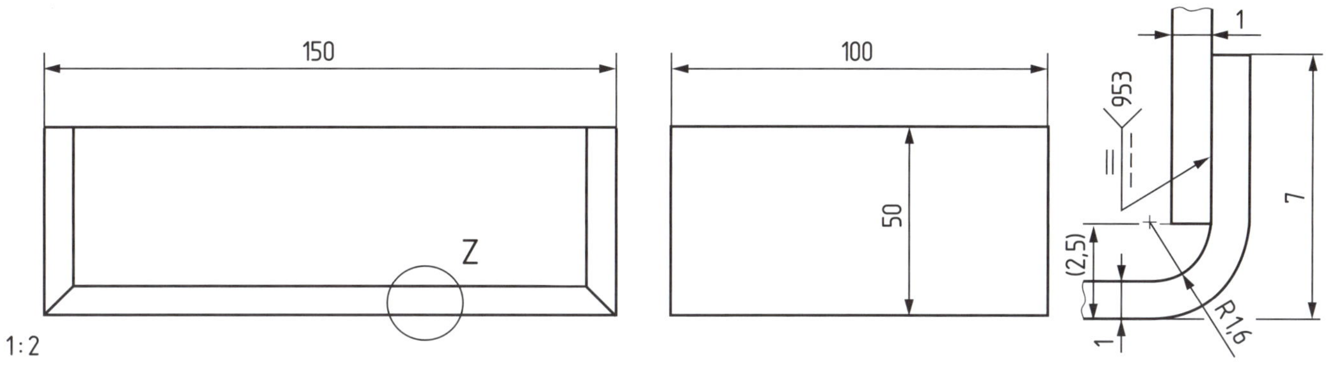

Abb. 1: Gesamtzeichnung

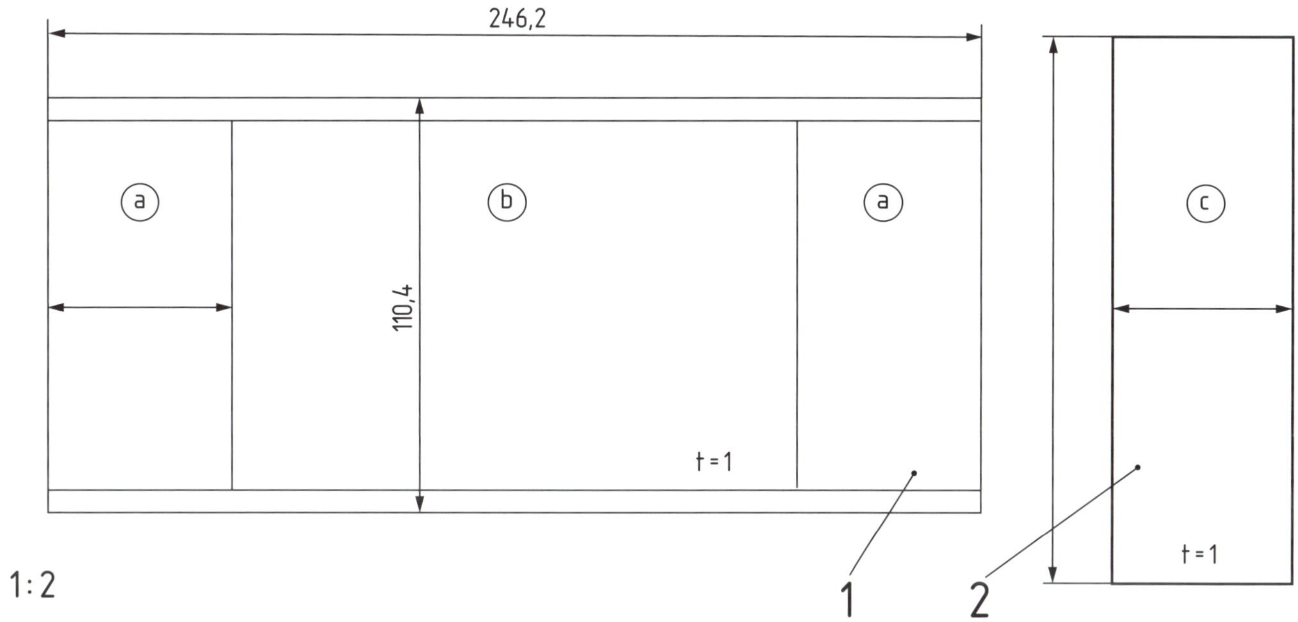

Abb. 2: Zuschnitt

Abb. 1 zeigt die Gesamtzeichnung der Kleinteilebox mit zwei Ansichten und die Ausführung der Lötverbindung bei der Einzelheit Z.
Das Lötsymbol (EN 22553) besteht aus:

- Pfeillinie mit Gabel
- Bezugsstrichlinie für Gegenseite
- Bildzeichen für die Art der Lötnaht
  hier: „=“ Symbol für Flächennaht
- Kennzahl für Lötverfahren
  953: Kolbenweichlöten (DIN 4063)

Abb. 2 zeigt die Abwicklung des Biegeteils (Pos. 1) und den Zuschnitt für die beiden nicht zu biegenden Seitenteile (Pos. 2).

Aufgabe 1: Abb. 2 ergänzen

a) Zu Pos. 1 bei Ecken der Kleinteilebox rechtwinklige Aussparungen einzeichnen
b) Umriss mit breiten Volllinien nachziehen
c) Formelemente a, b, c in Abb. 2, Abb. 1 und bei Z gleichfarbig anlegen

Aufgabe 2: Berechnungen durchführen

a) Lage der Biegelinien (schmale Volllinien) entsprechend (Blatt 30 Abb. 3 und Blatt 30 Abb. 4) berechnen und als Maße eintragen
b) Für die Seitenteile (Pos. 2) ist die Breite und die Länge zu bestimmen. Dabei ist der Biegeradius von Pos. 1 zu beachten (Abb. 1).

Lösung:

a) Abstand der Biegelinie zur Außenkante
= Gerade Schenkellänge + halbe Länge der gebogenen neutralen Faser

Abstand der Biegelinie zur Stirnseite
= ....
= ....

Abstand der Biegelinie zur Längsseite
= ....
= ....

b) Breite der Seitenteile
= Höhe Box – Biegeradius – Blechdicke
= ....

Länge der Seitenteile
= Länge der Box – 2 · Biegeradius
– 2 · Blechdicke
= ....
= ....

Kleinteilebox **Gesamtzeichnung, Zuschnitt**	Datum	Klasse	Name	**31**

Bei der Kleinteilebox sollen die Teile durch Weichlöten miteinander verbunden werden.
Vorteile des Verfahrens sind:
a) niederer Arbeitsbereich (unter 450 °C), dadurch geringer Verzug der Bleche
b) Arbeitssicherheit bei Ausbildung
c) optisch ansprechende Gestaltung

Damit die Lötverbindung eine ausreichende Belastbarkeit erreicht, ist die Vorbereitung der zu lötenden Flächen besonders wichtig.
Dies soll mit einer Versuchsreihe untersucht werden.

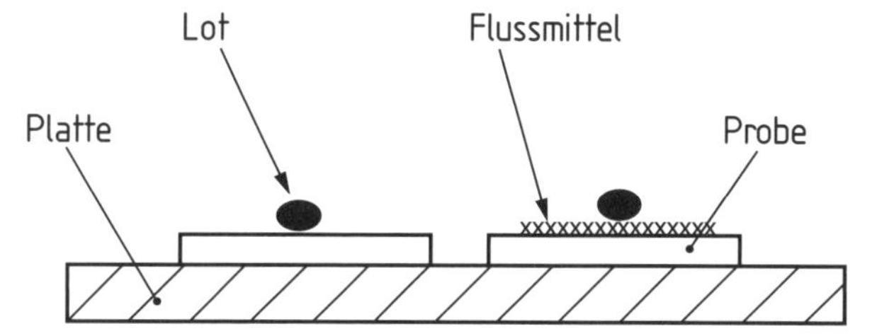

Abb. 1: Versuchsaufbau

Aufgabe 1: Verhalten des Weichlotes untersuchen (Abb. 1)
Das Verhalten des Lotes ist zu klären bezüglich:
- Oberflächenbeschaffenheit der Probe
- Einsatz eines Flussmittels
- Verzinkter Grundwerkstoff

Versuchsdurchführung
1. Proben auf Platte legen
2. Von unten erwärmen (Arbeitstemperatur)
3. Für Löten geplantes Weichlot auf Proben geben
4. Verhalten des Lotes (Perlenbildung, Ausbreiten, Fließen) in Tabelle eintragen
5. Proben abkühlen lassen
6. Lot von Probe abschaben
7. Verbindung von Lot und Probe beurteilen und in Tabelle eintragen

Versuchsbedingung	Verhalten des Lotes	Bindekraft
Stahl verzundert mit Flußmittel	....	....
Stahl rein mit Flussmittel	....	....
verzinkt, rein ohne Flussmittel	....	....
verzinkt, rein mit Flussmittel	....	....

Erkenntnis
Erfolgreiche Weichlötung erfordert:
- ....
- ....

Hinweise zur Arbeitssicherheit beachten!

Aufgabe 2: Kleinteilebox herstellen
1. Blechteile für Box zuschneiden und biegen
Die Arbeit erfolgt durch Unterweisung der Lehrkraft entsprechend der Werkstatteinrichtung.
- Werkstoff:
  Verzinktes Stahl- bzw. Titanzinkblech mit sauberer, glatter Oberfläche (A-g)

2. Blechteile weichlöten
- Arbeitsschritte
  1. Blechteile an Lötstelle blank machen
  2. Flussmittel (Paste) auftragen
  3. Blechteile möglichst genau fügen, Lötspalt 0,05 bis 0,2 mm
  4. Blechteile im Fügebereich (mit elektrischem Lötkolben) auf 180 … 250 °C erwärmen
  5. Lot an Verbindungsstelle zuführen
  6. Rückstände von Flussmittel entfernen
- Lot:
  Beispiel: S-Pb69Sn30Sb1 (ISO 9453)
  Erläuterung der Normbezeichnung:
  S: Weichlot
  Pb69Sn30Sb1: 69 % Blei, 30 % Zinn, 1 % Antimon
- Flussmittel:
  Es wird möglichst ein nicht korrodierendes Flussmittel verwendet.
  Beispiel: F-SW31 (ISO 9 454)
  Erläuterung der Normbezeichnung:
  F: Flussmittel
  S: Schwermetall (Blechteil)
  W: Weichlöten
  31: Angabe zu Hauptbestandteilen

Weichlöten erfolgt durch Unterweisung der Lehrkraft entsprechend der Werkstatteinrichtung.

Freiarbeit: Kleinteilebox gestalten
Weitere Arbeiten durchführen.
Bsp.: Deckel anfertigen
Korrosionsschutzmaßnahmen
Farbige Gestaltung
....